頭足類身体の諸相
：乳幼児・エレア派・詩人・『猫町』・タコ

［頭足類身体シリーズ２］

中井 孝章著

日本教育研究センター

目次（CONTENTS）

Ⅰ．頭足類身体論の公理………………………………………… 1

Ⅱ．人間初期の原初的思考と人類の原初的思考………………… 7
　──３歳未満の乳幼児の頭足類身体からパルメニデスの形而上学へ
　１．３歳未満の乳幼児の生きられる頭足類身体……………… 7
　２．パルメニデスの原論理と形而上学………………………… 11
　３．ゼノンの頭足類身体「数学」……………………………… 15

Ⅲ．最果タヒの頭足類身体と詩の世界………………………… 23

Ⅳ．萩原朔太郎『猫町』の解釈……………………………………29

　1．『猫町』の概要………………………………………………29

　　（1）第一話の概要

　　（2）第二話の概要

　　（3）第三話の概要

　2．頭足類身体からみた『猫町』の分析と考察 ………………39

　　──チベットの地図と逆さメガネを手がかりにして

　　（1）チベットの地図と逆さメガネ

　　（2）頭足類身体「文学」としての『猫町』の分析・考察

　　　①頭足類身体のタイプ

　　　②頭足類身体から捉えた『猫町』の世界──主人公の私の「成長」

結　語 ……………………………………………………53

補　遺　もうひとつの頭足類身体としてのタコ ………………59
　　　　──P.ゴドフリー＝スミス著『タコの心身問題』の書評を通して

　文　献……………………67
　あとがき……………………72

Ⅰ．頭足類身体論の公理

　まずは，筆者が上梓した『頭足類身体原論』を要約することから始めたい。
① ２～３歳の頃の幼児は，円状の線描で描かれた頭に直接，手や足を付ける表現様式によって人物を描くが，これは「頭足類画」と呼ばれる。
②「頭足類画」を描く下地は，（２歳以前の）乳幼児が体験する鏡像段階にあることから，「頭足類画」を描く身体のことを「頭足類身体」と総称する。したがって，「頭足類身体」は，「頭足類画」を描く発達画期の幼児を含む，３歳未満の乳幼児の身体を意味する。
③ 頭足類身体は，H.ワロンの『児童における性格の起源』で活写されるように，未だ自らの身体（身体意識）を十全に所有していない，３歳未満の乳幼児の認知・感情様式を意味する。ただし，この認知・感情様式は，大人が捉えたものというよりも，当の乳幼児が「生きられる」実存様式を指す。したがって，頭足類身体は，３歳未満の乳幼児が「生きられる」身体のことを意味する。これを本書では「生きられる頭足類身体」と呼ぶ。
④ 頭足類身体は，３歳未満の乳幼児の生きられる頭足類身体を基準とするが，それ以外にも，頭足類身体を生きられる大人をはじめ，人類の原初的思考・

論理や統合失調症質の人たち（スキゾイド）の実存様式などにも見られる。

⑤頭足類身体を生きられる大人の中には，詩人や作家が少なくない。なお本書では，詩人，最果タヒと，作家，萩原朔太郎の作品を取り上げる。

⑥頭足類身体を生きられる人類の原初的思考の代表として古代ギリシャのエレア派の哲学者が挙げられる。乳幼児が個体発達上の十全の自己を生成していないのと同じく，彼らもまた，十全の自己（自己意識）を持たないことから，両者は共通点を持つ。なお本書では，パルメニデスやゼノンをはじめエレア派の思考と論理を取り上げる。

⑦統合失調症質の人たちの実存様式は，彼らの頭足類的心像（身体意識）から推測する限り，3歳未満の乳幼児の生きられる頭足類身体と同型である。むしろ彼らの実存様式は，乳幼児の生きられる頭足類身体への回帰（退行）である。

⑧総じて，3歳未満の乳幼児や統合失調症質の人たち（スキゾイド）・統合失調症の人たち等々，身体（身体意識）を十全に所有していない人たちの論理においては，必然的に否定の概念が出現してくる。それは，「$P＝真／\sim P＝偽$」と示される形式論理とは異なり，「$P \wedge \sim P$　真」というように，肯定と否定（否定の概念），自己と「非」自己（＝他者）が同時に「真」として成立する原論理である。否定の概念と，身体意識の非所有化，すなわち身体（身体意識）の否定とのあいだには，何らかの相関関係がある。ただ，この実存様式は，矛盾した論理に基づいている。

⑨「$P \wedge \sim P$　真」という原論理は，乳幼児と統合失調症質・統合失調症の人たち，あるいは身体（身体意識）を十全に所有していない人たちにおいて，同一の形式となる。にもかかわらず，その内容（内実）は異なる。つまり，

乳幼児が自らの他性（自己の他者化）によってその都度その都度「〜になる」，「〜になることができる」といった自由自在の実存様式となるのに対して，統合失調症質・統合失調症の人たちは他者とかかわる自らの日常的自己を切り捨てる（否定する）——と同時に，純粋意識（I）へと逃亡する——ネガティヴな実存様式となる。統合失調症質者の人たちは，自らの身体および日常的自己（Me）を切り捨て，純粋意識（I）へと逃亡するだけであるが，（統合失調症質が増悪した）統合失調症の人たちは，自己自身のすべてを否定するだけでなく，実際に自らの身体に異変をきたすことが少なくない。その典型は，統合失調症の人たち特有の否定妄想であるが，それはたとえば，「性別もなく，体もなく，内臓もなく，体がないから物に触れるということがない，親もなく，家もなく，言葉がないので誰とも通じない……さらに，有るということがない」というように発現する。否定妄想をする当事者においては，自己自身の全否定とともに，身体の異変（麻痺）［Meの否定］によって他者や他物に入り込まれたり動かされたりしない身体，ひいては純粋意識（I）を保持するのである。その意味で，否定妄想の当事者は，3歳未満の乳幼児のあまりにも人間的で狂気に満ちた世界を純粋に生きられているのだ（ホモ・デメンスの世界）。

⑩このように，頭足類身体の様態はさまざまでも，生きられる頭足類身体の論理はすべて同一の原論理となる。生きられる頭足類身体の原論理は，私性の論理学として示される。東久部良信政が構築した私性の論理学は未だ，「私」ではない「私」を含む，「私」の個体発生史的様態，すなわち「私」が「私」として生成（発生）してくるその都度の様相で展開される論理の謂いである。

⑪私性の論理学は，未だ「私」が確立していない「私」の発生論的歴史を表し

たものであるが，それは**表1**の通りである（表中の「∧」は「かつ」を，「¬」は「否定」を示す記号である）。なお，本書は「Ⅱ型：非日常私性」を中心に取り上げる。

表1　私性の論理学

Ⅰ型：日常私性　　　　　P＝真
　　　　　　　　　　　　～P＝偽

Ⅱ型：非日常私性　　　P∧～P　　真（絶対真）　＊
　　　　　　　　　　　¬（P∧～P）　偽（絶対偽）

Ⅲ型：未日常私性　　((P∧～P)∧¬（P∧～P))　色
　　　　　　　　　　¬((P∧～P)∧¬（P∧～P))　空

＊私性の論理学の基準系：P∧～P　真（絶対真）
　：「私は私であり，かつ，私は私でない。つまり私は，私以外の他物や他者になることができる（＝変転させることができる）。端的には，私は何にでもなることができる。」

⑫ 表1に示される私性の論理学は，日常の形式論理（＝「Ⅰ型：日常私性」）からそれ以前の原論理（＝「Ⅱ型：非日常私性」）へ，そして，その基底の原論理以前の未生世界の論理（＝「Ⅲ型：未日常私性」）へと遡及するという仕方で発生論的に記述される。

⑬ 「Ⅰ型：日常私性」は，「私は私である」ことが真であり，「私は私以外のあらゆるものである」ことが偽であるところの私性は日常の私性であって，その世界も日常世界に属している。いわゆるアリストテレスの形式論理の世界である。

⑭ 「Ⅱ型：非日常私性」は，「私は私でありかつ私は私以外のあらゆるものである」ことが絶対真であるところの私性は非日常の私性である。この世界においては，日常的な世界が，非日常的な巨大な宇宙，あるいは形而上学的な存在宇宙に変貌している（この点についてはパルメニデスについての記述箇所で詳述する）。とりわけ，「Ⅱ型：非日常私性　P∧〜P　真（絶対真）」は原論理の基準となる。

⑮ ただ，「Ⅱ型：非日常私性」は，表1に示されるように，絶対真の私性を消滅・無化させるところの絶対偽の私性を同時に成立させる論理である。それは，もうひとつの非日常私性である「￢（P∧〜P）　偽（絶対偽）」という絶対無の論理である。これは，「私は私である」ことと，「私は私でない」ことの両者がともに消滅したところの絶対的無化である私性を意味する。つまり，「Ⅱ型：非日常私性」は，「私は私であり，かつ，私は私以外のあらゆるものである」という分割された私性の事態であり，真と偽の私性を超越するところの絶対真の私性である。

⑯ さらに，私性は絶対無を介して絶対真の私性と絶対偽の私性の弁証法へと進

展する（こうした進展は，いわゆるアルゴリズムのように，機械的に生成される）。それは「Ⅲ型：未日常私性」である。これは，中観派の龍樹のレンマの思想に通底する。「Ⅲ型：未日常私性」は，絶対真と絶対偽の私性を超越するところの「色」の私性と，「色」の私性を滅却させたところの「空」と名付けられる私性である。要するに，私性の論理学では，すべての世界がそこから生成・現出するところの未生世界を示す私性の論理が要請されてくるのである（ただ，この論理の解明は本書の目的ではないことからこれ以上の言及は避けたい）。

Ⅱ．人間初期の原初的思考と人類の原初的思考
―― 3歳未満の乳幼児の頭足類身体からパルメニデスの形而上学へ

1．3歳未満の乳幼児の生きられる頭足類身体

　ところで，非日常私性，特に「P∧～P」が真となる絶対真の私性の論理学は，前述したように，3歳未満の幼児の頭足類身体と，古代ギリシャ哲学者（エレア派）においてまったく同一の原論理の形式となる。このポイントを手がかりに，次に，3歳未満の乳幼児の生きられる頭足類身体の論理からパルメニデスの生きられる頭足類身体の論理へと論を進めることにしたい。

　ところで，生きられる頭足類身体の原論理は，**表1**に示される通り，「私は私であり，かつ，私は私でない。つまり私は，私以外の他物や他者になることができる（＝変転させることができる）。端的には，私は何にでもなることができる。」と記述することができた。つまり，3歳未満の生きられる（乳幼児の）頭足類身体は，「私は私でありながら，私は私ではない。」である以上に，「私は私でありながら，私は私ではない。」ことによって「私は私以外の何か（＝他物や他者）になることができる。さらに，私は私以外のあらゆるものに

なることができる（＝何にでもなることができる。）」のだ。「私は他の何かになる。」ということの内実は，Pは「〜P」，すなわち「A，B，C……X」になることができるということを意味する。総じて，「私は何にでもなることができる。」これはいわゆる変身の論理である。

　前にワロンを引き合いに出したように，乳幼児は常に他の何かになりつつ，さまざまなドラマを繰り広げている。特に，生きられる頭足類身体である乳幼児の場合，自己と他者の区別は不分明であり，自己はすぐさま自己以外の何ものかになる。もっといえば，自己は他者に変身する。さらに，乳幼児は自分自身の右手を花子，左手を太郎と各々名付けて，両者を対話させることもできるのだ。彼らはまさに，頭足類身体を生きられている。

　このように，3歳未満の頭足類身体は，自らの身体（肉体）を十全に所有していないことによって，原論理で示される自己が自己以外の何ものかを生きられるとともに，独特の他者／世界の了解を行う。というのも，未だ身体（肉体）を所有していない頭足類身体は，他者／世界了解の拠点として確固とした意識および自己意識を持たないことから，何ものかにかかわるとき，その何ものかへと融即（＝自己と自己以外のあいだに仕切りのない，相互的な溶け込み合い）および没入によって，いわば無意識に一体になることで，その何かを端的に生きられるからである。

　繰り返し強調すると，頭足類身体は，頭足類画のように，頭と手足のみを描くことからみて，自らの身体（肉体）を所有していない。自らの身体（肉体）を所有していない人は，個体および個体の中核となる人格・性格や感情を十全に所有しておらず，その分，いわゆる透明な存在として他者／世界の中へ直に入り込む（潜入する，または投射する）ことができるのである。

以上述べた3歳未満の乳幼児の生きられる頭足類身体の原論理は、次のように図示することができる（図1）。

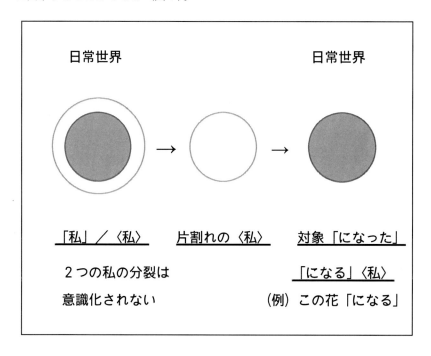

図1　3歳未満の乳幼児の生きられる頭足類身体の原論理

　図1に示されるように、3歳未満の乳幼児は、「私」（P）と〈私〉（〜P）という、2つの私に分裂しながらも、そのこと自体を意識化しない（し得ない）まま、他者化（他性化）した一方の〈私〉（〜P）は、対象、たとえば「この花」そのもの「になる」、すなわち融即および没入する。このとき、乳幼児の、他者化（他性化）した〈私〉（〜P）は端的に、対象そのものに「になる」のだ。つまり乳幼児の頭足類身体は、［〈私〉（〜P）＝対象そのもの（たとえば、

この花）〕と化すのである。両者はピッタリと重なるのだ。ただ，そのことが起こっているのは，日常世界においてであり，ごく普通のできごとにすぎない。

　前に，3歳未満の乳幼児の生きられる頭足類身体は，原論理によって「他の何でもなることができる」と述べて，そのことを「P→〜P＝A，B，C……X」と示したが，この「他の何でも」は実は，乳幼児にとって具体的かつ身近なもの，もっといえば，個体に限定される。

　裏を返せば，この「他の何でも」は，字義通りのすべてのものではない。たとえば，乳幼児は，「神」，「宇宙」，「霊魂」等々，具体的にイメージし得ないものや現前化することができないもの「になる」ことはできないのである。とはいえ，3歳未満の乳幼児が自由自在に何らかのもの「になる」ことは，私たち大人からみてありきたりの日常世界が変容・変身に満ちた驚きの連続であることに何ら変わりがないわけである。3歳未満の乳幼児が日常，繰り広げる世界が驚きに満ちた世界であることに私たちはうすうす気づいていても，これまでそのことを十分表現する術がなかったのではないか。こうした世界の豊饒性を頭足類身体の原論理は，極限まで表現し尽くしていると考えられる。

　このように，3歳未満の乳幼児にとって「になる」ところの対象は，彼らにとって身近な，あるいは現前する具体的な個体に限定されている。そのことは，乳幼児の意識および自己意識の発達の度合いからみて至極妥当である。これに対して，人類の原初的思考の典型である古代ギリシャ（エレア派）のパルメニデスの頭足類身体の原論理はどうであろうか，次に述べることにしたい。

2．パルメニデスの原論理と形而上学

　一般に，パルメニデスの論理学は，次の２つに集約することができる［パルメニデス，1958：37-44］。

①あるものはある，ないものはない。
②真にあるところのものは，連続一体・不生不滅で変化もしなければ運動もしない全体として，同質の球体を形づくっている。この全体は，対立物の合一したものではない。なぜなら，対立と言うものも存在しないからである。これに対して，運動・変化・多なるものは，死すべき人間のドクサにすぎない。

　このように，パルメニデスは，「あるものはある，ないものはない。」というように，世界が「あらず」，すなわち存在が消滅・消去・無化されるところの非存在ということは思考不可能であるが，「あるものはある」ことにおいて，存在するものとしては，「私としての私」であっても，「私が他の何か（＝私以外の何か，もしくはすべてのもの）」でもよいことになる。しかも，存在するものは，生成・消滅・運動しない，いわゆる非日常的な世界となる。突き詰めれば，それは，有限存在である人間から見ると，"永遠"ともいうべき宇宙そのものである。このように，パルメニデスの論理（学）は，絶対真の非日常私性を現出させるのである。
　いま述べたパルメニデスの論理を原論理に置換して図示しながら述べると，図２（次ページ）のようになる。

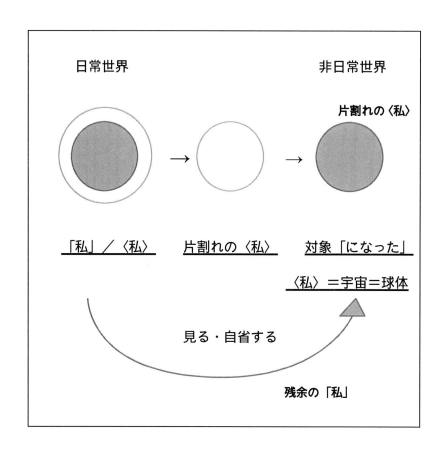

図2　パルメニデスの生きられる頭足類身体の原論理

　図2に示されるように、パルメニデスは、前述した3歳未満の乳幼児の生きられる頭足類身体と同じく、「私」（P）と〈私〉（〜P）という、2つの私に分裂しながらも、自らそのことに気づかないまま、私は私でないという〈私〉（〜P）が私以外のあらゆる他者・モノ「になる」、すなわち変転することで、世界の隅々まで流出していき、そうすることで〈私〉（〜P）が全宇宙とぴっ

たりと一致するのである。パルメニデスは対象になった「〈私〉＝全宇宙」を，「連続一体・不生不滅で変化もしなければ運動もしない全体」である「球体」と表現している。

そして，「〈私〉（〜P）＝全宇宙」，すなわち全宇宙と化した〈私〉，あるいは〈私〉と化した全宇宙をもう一方の残余の「私」（P）が省察すると，そこには日常世界とは異なる非日常の形而上学的世界が現出しているのである。非日常の形而上学的世界は，いわば置き去りにされた残余の「私」が，他者化し，世界の隅々まで流出していき，全宇宙になった〈私〉を省みた情景なのである（図中の長い矢印を参照）。

このように，パルメニデスは，自ら気づかないまま，2つに分割された私性（「Ⅱ型：非日常私性　P∧〜P　真（絶対真）」）でもって，宇宙を論理的に追究していくことを通して，世界が「ある」だけで充溢した一者としての宇宙であるという認識へと至ったのである。

このようにみると，人類初期の知性であるパルメニデスと，人間発達初期である乳幼児との差異は歴然である。つまり，3歳未満の乳幼児の場合，乳幼児の，他者化（非自己化）した〈私〉（〜P）が「になる」ところの対象は，眼前にあるこの花やこの玩具であったり，空想上のこのキャラクターや怪獣であったりするというように，具体的な個体であるのに対して，パルメニデスの場合，私の，他者化（非自己化）した〈私〉（〜P）が「になる」ところの対象は世界にあるすべてのもの，否それどころか全宇宙なのである。だからこそ，片割れの「私」（P）が捉えた，〈私〉（〜P）と全宇宙がひとつになった情景は，非日常の形而上学的世界となったのである。パルメニデスが自らの頭足類身体を生きられることで省察した全宇宙は，観念的な形而上学的実在である。

パルメニデスと比べると，乳幼児の生きられる頭足類身体では，残余の「私」（P）が，〈私〉（～P）が対象（この花）になった情景を捉えられない。それ以前に，残余の「私」（P）そのものが未成熟であり，そうした情景を捉える発達上の素地ができていないのだ。だからこそ，乳幼児の生きられる頭足類身体は自由自在にかつ無心に身近な何かになることができるのである。ただ，前述したように，乳幼児の生きられる頭足類身体において起こっているのは，日常世界においてであり，ごく普通のできごとにすぎない。乳幼児は，次から次へと端的に個体になる，あるいは個体を生きられるという日常世界の繰り返しとなる。

　ところで，パルメニデスの非日常私性に通底する論理を展開したのは，日本を代表する哲学者，西田幾多郎である。西田は，東洋的な禅の論理を展開する中で，「故に自己というものは，論理的には否定即肯定として，矛盾的自己同一的に把握せられるものでなければならない。」とか，「故に自己が自己矛盾的に自己に対立するということは，無が無自身に対して立つということである。真の絶対とは，此の如き意味において，絶対矛盾的自己同一的でなければならない。」と述べるように，パルメニデスと同様，自己の中に自己と相対立する自己が同時に存在すること，すなわち自己が「論理的には否定即肯定」という矛盾的自己同一的であるべきことを発見した。自己は自己であると同時に，絶対対立する自己，すなわち絶対的他者であることは，3歳未満の頭足類身体が体験するところの，「私は私でありかつ私は私以外のあらゆるものである」といった絶対真の私性または原論理と同じなのだ。したがって，西田の場合もまた，「$P \wedge \sim P$」と表される。しかも注目すべきことは，西田も絶対矛盾の自己同一の場所を球体という形而上学的実在と捉えていることである。

ただ，パルメニデスの非日常私性は，「P∧～P　真（絶対真）」で足踏みをしている。裏を返すと，パルメニデスは独自の形而上学的世界を構築しながらも，存在が消滅したり無化したりするような非存在を受け入れることができなかった。ここにパルメニデスの限界がある。

　以上述べてきたように，パルメニデスの原論理は，「Ⅱ型：非日常性私性　P∧～P　真（絶対真）」，すなわち「私は私でありかつ私以外のあらゆるものである」という分割された私性の事態は，真と偽の私性を超越するところの絶対真の私性である。「私は私でありかつ私は私以外のあらゆるものである」ことが絶対真であるところの私性は，非日常の私性であって，その世界においては，日常的な世界は，非日常的な巨大な宇宙，ないし形而上学的な存在宇宙に変貌しているのである。一見，不可思議に見える人類の原初的思考は，3歳未満の乳幼児の生きられる頭足類身体をベースに捉えると，理解可能であると考えられる。

　では次に，パルメニデスと同じエレア派のゼノンの数学について述べることにしたい。

3．ゼノンの頭足類身体「数学」

　今日でも取り上げられる数学の有名なパラドックスとして，ゼノンのパラドックスがある。ゼノンは，前述したパルメニデスの弟子であり，古代ギリシャのエレア派に属する。ゼノンのパラドックスは，アリストテレスの『自然学』の中で取り上げられているが，その中でも有名なものを3つ挙げることにする［高橋昌一郎，2019：146-151］。

1つ目は，アキレスとカメのパラドックスである。このパラドックスは次の通りである。アキレスは，100メートル先を進むカメを追いかけるが，彼は秒速10メートルで走る。一方，カメは秒速1メートルで進む。スタートしてから10秒後，アキレスは最初カメがいた100メートル地点に到着する。このとき，カメはその地点からさらに10メートル先の地点（110メートル地点）へ進んでいる。さらに1秒後，アキレスが，カメのいた110メートル地点に到着する。ところが，このときカメは（110メートル地点から）1メートル先へ進んでいる。後はこれの繰り返しとなり，結局のところ，アキレスは永遠にカメに追いつけないことになるというものである。

　2つ目は，目的地には到達することができないというパラドックスである。このパラドックスは次の通りである。ある人が目的地に到着する前には必ずその中間地を通過しなければならない。さらに，その中間地から目的地までにはまた，中間地を設定することができ，そこを通過しなければならない。後はこれの繰り返しとなり，結局のところ，ある人は，目的地には限りなく近づくことができるが（目的地までの距離は限りなくゼロに近づくが），それまでに通過すべき地点が無限に存在することになり，この無限の地点を通過するためには無限の時間が必要となる。したがって，ある人は永久に目的地に到着することができないというものである。

　3つ目は，飛ぶ矢のパラドックスである。このパラドックスは次の通りである。いま，飛んでいる矢は，一瞬一瞬では静止しているとするもので，静止している矢をいくら集めても，矢は飛ばない，あるいは飛ぶ矢は現われない。したがって，矢は飛ぶことができないというものである。角度を変えて説明すると，飛んでいる矢は常にいまという時間のうちにあるがゆえに，このいまにお

いては矢は同一の位置を保持していることになり，飛ぶ矢はそこから動かない（＝不動），すなわち静止していることになる。

以上述べた，ゼノンのパラドックスは，現代数学の立場によって次のように解消される（ここで解決ではなく，解消であるのは，ゼノンの数学の前提に誤謬があるからである）。ただ，急いで付け加えると，筆者はここで現代数学の立場からゼノンのパラドックスの問題点や誤謬を指摘することを目的としているわけではない。むしろ，どのように考えたら，こうしたパラドックスが生まれてくるのかについて解明したいだけである。

1つ目のアキレスのパラドックスについては，アキレスがカメに追いつくまでの時間が無限大になるという前提が誤っていることがわかる。つまり，アキレスが走る時間は，10 ＋ 1 ＋ 0.1 ＋ 0.01 ＋……≡ 11.11 秒となり，有限数へと収束する。こうした計算からアキレスは 11 秒少しでカメに追いつくことができるのだ。そのことは，私たちの直感と同じ結果となる。現代数学の立場からすると，このアキレスのパラドックスが擬似的パラドックスである根拠は，無限個の数（10 ＋ 1 ＋ 0.1 ＋ 0.01 ＋……）を足し算すると，必ず無限になるという前提が誤っているのだ。

2つ目の目的地に到着することができないというパラドックスについても，アキレスのパラドックスと同様，無限の数を加算すると，無限になるという前提に誤謬がある。つまり，「目的地＝1」を基準にすると，中間地は各々，1/2, 1/4, 1/8, 1/16 ……となって，これらを加算すると，1/2 ＋ 1/4 ＋ 1/8 ＋ 1/16 ＋……＝ 1 となり，1（有限数）へと収束する。

3つ目の飛ぶ矢のパラドックスについては，いま，飛んでいる矢は一瞬一瞬では静止している，すなわちいまという時間のうちで同一の地点としてのここ

で位置を保持しているといった分割不可能な時間観に問題があると考えられる。つまり，ごく一般の物理学では時間は分割可能なもの，すなわち連続的なものであり，たとえ，時間（「いま」）を細分化したとしても時間はゼロにはなり得ないのだ。時間（の幅）がゼロでないということは，そのあいだに矢は動いていることになる。微少ながらも，飛ぶ矢は動く，または運動するのだ。

　確かに，現代数学の立場（および物理学の立場）によるゼノンのパラドックスに対する問題点の指摘は有益である。ところが，現代数学はゼノンの思考過程そのものを理解していない，あるいはそもそも理解しようとも考えていない。

　しかしながら，パルメニデスと同じ原論理からすると，ゼノンの「数学」は正統なものであり，なおかつ正しいことになる。その理由について次に，パルメニデスをベースに論述することにしたい。

　ゼノンのパラドックスのうち，ゼノンの「数学」がある立場からみて正しいと証明するのにうってつけなのは，飛ぶ矢のパラドックスである。飛ぶ矢の問題がパラドックスだといわれるのは，実際に飛んでいる矢がゼノンでは「一瞬一瞬で静止する矢」だからであった。ではどうしてゼノンは飛ぶ矢が「一瞬一瞬で静止する」と考えるのであろうか。

　この点については，パルメニデスの次の考え方が手がかりになる。

　前に図2を示しながら述べたように，パルメニデスは，「私」（P）と〈私〉（〜P）という，2つの私に分裂しながらも，自らそのことに気づかないまま，私は私でないという〈私〉（〜P）が私以外のあらゆる他者・モノ「になる」，すなわち変転することで，世界の隅々まで流出していき，そうすることで〈私〉（〜P）が全宇宙とぴったりと一致すると考えた。そして，パルメニデスは，「〈私〉＝全宇宙」を，「連続一体・不生不滅で変化もしなければ運動もしない

Ⅱ．人間初期の原初的思考と人類の原初的思考

全体」（静止した世界）と捉えた。こうした思考は，3歳未満の乳幼児の生きられる頭足類身体そのものである。こうして，全宇宙と化した〈私〉，あるいは〈私〉と化した全宇宙をもう一方の残余の「私」（P）が省察すると，そこには日常世界とは異なる非日常の形而上学的世界が現出しているのである。非日常の形而上学的世界は，いわば置き去りにされた残余の「私」が，他者化し，世界の隅々まで流出していき，全宇宙になった〈私〉を省みた情景なのである。残余の「私」から見た情景とは，世界が「ある」だけで充溢した一者（全体）としての宇宙なのである。

　このような，生きられる頭足類身体と化したパルメニデスからゼノンのパラドックスをみると，恐らく彼は，次のように説明するのではあるまいか。つまり，ゼノンは，「私」（P）と〈私〉（〜P）という，2つの私に分裂しながらも，自らそのことに気づかないまま，私は私でないという〈私〉（〜P）が私ではない「飛ぶ矢」そのものになり，もしくは「飛ぶ矢」そのものに変転するがゆえに，飛ぶ矢は不動のものとなる，と。このとき，ゼノンは，片割れの「〈私〉＝飛ぶ矢」になることで矢は「一瞬一瞬で静止する矢」になるのだ。正確には，残余の「私」（P）は，私でない片割れの〈私〉（〜P）が「飛ぶ矢」（実質的には，「矢」そのもの）に変転するのを省察することを通して「連続一体・不生不滅で変化もしなければ運動もしない全体」（静止した世界）が生成するのである。飛ぶ矢がその運動を否定されて静止する矢になるのは，片割れの〈私〉が矢そのものに変転したからなのである。したがって，ゼノンの「一瞬一瞬で静止する矢」は，現代数学が批判する分割不可能な時間観（時間意識）ではなく，残余の「私」が片割れの〈私〉が「矢」そのものになるのを見届けることを通して生起した形而上学的世界にほかならない。

前に，（現代数学も支持する）ごく一般の物理学では，時間は分割可能なもの，すなわち連続的なものであり，たとえ，時間（「いま」）を細分化したとしても時間はゼロにはなり得ない，したがって，いまという時間のあいだに矢は動いているのだと飛ぶ矢のパラドックスを否定する見解を提示したが，ゼノンの生きられる頭足類身体では際限のない存在の連続であってこの存在に微細かつ無限の分割の楔を打ち込むことはできないのだ。こうした形而上学的世界は，あるだけの存在世界，もしくは一者の宇宙であって，分割は不可能なのである。総じて，パルメニデスおよびゼノンのように，生きられる頭足類身体とならない限り，このパラドックスは単なる誤謬としかみえないことになる。

　では他の２つのパラドックスはどうであろうか。１つ目のアキレスのパラドックスも，２つ目の目的地に到着することができないというパラドックスも飛ぶ矢と同じく，ゼノンは２つに分割した私のうち，片割れの〈私〉が各々，アキレスと（目的地を目指す）人に変転する，その一方で残余の「私」が他者に変転した〈私〉を捉える。片割れの〈私〉は，カメを追いかけるアキレス，（目的地を目指して）中間地を通る人になるが，これらは，飛ぶ矢のように，「一瞬一瞬で静止するもの」となる。この点については飛ぶ矢と同じ論理になることからこれ以上の説明は不要であろう。むしろこの２つのパラドックスについて説明が必要なのは，次の点である。

　ところで，この２つのパラドックスにおいて前提とされる「無限の数を加算すると無限になる」という前提は，現代数学の立場からすると，明らかに誤りであった。裏を返すと，現代数学は，「無限の数を加算すると有限になる」ということを前提としている。前述したように，アキレスのパラドックスでは，アキレスが走る時間を加算したものが，$10 + 1 + 0.1 + 0.01 + \cdots\cdots \equiv 11.11$

秒となり，有限数へと収束した，また，目的地に到着することができないというパラドックスでは，目的地までの中間地の比を加算したものが，1/2 ＋ 1/4 ＋ 1/8 ＋ 1/16 ＋……≡ 1 となり，有限数へと収束した。つまり，現代数学は，A ≡ B（AをBと規定する）というように，A（無限の数の加算）≡ B（有限数）とみなす。

ところが，こうした捉え方は，ある変数が一定の値に近似することを，ある変数が一定の値に等しいことに置き換えてしまうことを意味する。ある変数と一定の値の差異を近似するとみなすか，等しいとみなすかは，根本的に異なる考え方である。前者の典型は，微分積分学の「極限」という捉え方である。

果たして，現代数学（および物理学）のように，いまという時間を無限に分割することができるとか，無限の数を加算すると有限数へと収束するといった捉え方は正しいのであろうか。こうした捉え方を根本的に拒否するところに，パルメニデスやゼノンのように，生きられる頭足類身体の真理（真実）があるのだ。結論をいえば，今日においてもゼノンのパラドックスはすべて，解決されているとはいいがたいのである。

では次に，数学から文学へと目を転じることにしたい。まずは詩人，最果タヒの頭足類身体「詩」について述べることにする。

Ⅲ．最果タヒの頭足類身体と詩の世界

　これまで，乳幼児の頭足類身体をベースに，さまざまな頭足類身体とそれが展開する原論理を見てきた。ここからは，詩人と作家の生きられる頭足類身体およびその世界を見ていくことにしたい。まず，現代の著名な詩人，最果タヒが，清川あさみとの合作，『千年後の百人一首』の中で綴った詩を取り上げることにする［清川あさみ・最果タヒ，2017：73］。

　　わたしのことを忘れてみれば，もっと遠くが見えるのです。
　　わたしの机を忘れてみれば，遠くの風を感じるのです。
　　わたしの体を忘れてみれば，遠くの匂いがしてきます。
　　とおくの，あの山の峰にさくらが咲いている。
　　わたしは今，さくらのはなびらの中にうずくまって，
　　ほろほろと溶けそうな色彩で瞳のおくを染めている。
　　だから，おもいださせないで，
　　遠くを見ているわたしの体に，触れないで。
　　人も，鳥も，虫も，近くの山の霞さえも。

この詩を直観的に捉えると，自然を隈なく見通すために，詩人の自己は自己を中心にしつつ能動性を発揮するのではなく，自らの身体を抜け出して，いわば自己を置き去りにすることによって，もう1つの自己（＝片割れの私）が積極的に自己である方の自己から遊離することにより，真近に遠くの風景を見て，遠くの風を感じて，遠くの匂いを嗅いで，そして，遠くのあの山の峰に咲いている桜の花びらの中にうずくまり，その花びらの色彩で自分の瞳の奥を染めるまでに自然のありとあらゆるものを見ているのである。花びらの色彩が詩人の瞳の中に映し出されているという表現は，実に印象的である。この，詩人と花びらとのあまりの近さ――花びらを接近可能な極限としつつも，こうした対象と一体化した詩人の身体であったが，次の瞬間，ふと我に返って想起される置いてけぼりとなった詩人の自己自身の身体。いまや，遠くへ出かけてしまって，抜け殻となってしまった詩人の身体のことを想起させたり（気づかせたり），誰も何も触れたりしないでそのまま，いましばらくは放っておいて欲しい，というのがこの詩人のささやかな願いなのである。

　では，「Ⅱ型：非日常私性」の原論理から捉えるとき，この詩はどのように解釈することができるのであろうか。それは次の通りとなる。

　この詩人は，自らの頭足類身体を生きられることによって，3歳未満の乳幼児の生きられる頭足類身体と同様に，「私」（P）と〈私〉（〜P）という，2つの私に分裂しながらも，他者化した片割れの〈私〉（〜P）が積極的に遠くの風景，遠くの風，遠くの匂い，あの山の峰に咲いているさくら，さくらのはなびら「になる」，すなわち融即および没入する。詩人の片割れの〈私〉（〜P）は，「私」（P）を置き去りにしたまま，遠くの世界にまで流出していき，その世界と一体になるのである。

こうした詩作は,「私は私でありながら,私は私ではない。私は他の何かになる。もっというと,私は何にでもなることができる。」という頭足類身体の原論理を有する者だけの成せる業である。興味深いのは,パルメニデスと同じく,「〈私〉(〜P)＝遠くの世界」,すなわち遠くの世界と化した〈私〉,あるいは〈私〉と化した遠くの世界を,置き去りにされた残余の「私」(P)が見守っていると同時に,その「私」が一体化した「〈私〉(〜P)＝遠くの世界」を暫しのあいだ,この無我夢中の状態を保つために,「だから,おもいださせないで,遠くを見ているわたしの体に,触れないで。人も,鳥も,虫も,近くの山の霞さえも。」と我に返らないことを切望しているのである。繰り返すと,置き去りにされた残余の「私」は,遠くの世界「になった」片割れの〈私〉,いわゆる「ひとつの世界」を見守っているわけであるが,こうした状態を少しでも長く保持することができるように,人,鳥,虫,雪が「私」に触れないように懇願しているのだ。

　こうした状態の保持についていえば,乳幼児の頭足類身体の「になる」は変転自在であり,変わり目が早く,パルメニデスの頭足類身体の「になる」は変化がまったくない永遠の非日常的世界となる。これらに対して,詩人の頭足類身体の「になる」は,わずかの接触で瓦解してしまう繊細なものなのである。

　以上述べたことを**図1**と**図2**に準じて,図示すると,**図3**（次ページ参照）になる。

　この詩人の作品に代表されるように,詩人の生きられる頭足類身体は,遠くの世界と融即して,虫が樹液を啜り尽くすかのように,内側からこの世界を丸ごと味わい尽くそうとしているのである。そのためには,残余の「私」にとって静謐な省察のときが不可欠となるのだ。というのも,この一連のできごとを

言葉に刻みつけることができるのは、唯一、置き去りにされた残余の「私」だからである（〈私〉は他者化してしまっており、専ら、遠くの風景になるだけなのである）。

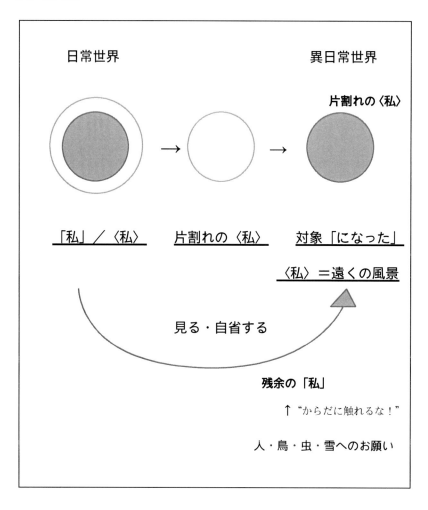

図3　詩人・最果タヒの生きられる頭足類身体の原論理

なお，図3では，乳幼児の生きられる頭足類身体が生成する世界が「日常世界」，パルメニデスの生きられる頭足類身体が生成する世界が「非日常の形而上学的世界」であるのに対して，この詩人が生成する世界を「異日常世界」と名付けている。その理由は次の通りである。詩人が作り出す世界は，日常世界に根を下ろしながらも，以前とは異なったもうひとつの感性を喚起し，眼前に広がる日常世界そのものを再構成する（リフレーミング）するからである。こうした日常世界の再構成，あるいは異日常世界の構成は，ロシア・フォルマリズムが唱えた異化作用に近い。したがって，「異日常世界」の構成は，日常世界からまったく逸脱することで生の感情を高揚させる非日常世界の構築とは異なるのである。

　さらに，最果は，別の詩作によって自らが頭足類身体を生きられることを端的に曝露している［同前：89］。

　　私の命は雨の粒より丸くて，軽く，
　　きっとあなたのところまで飛んでいくことができるでしょう。
　　……（以下，省略）

　ここで，この詩人は，「私の命は雨の粒より丸くて」と綴っているが，この「丸さ」こそ，頭足類身体の端的な表現である。前述したように，生きられる頭足類身体の基本形は，丸，または円や球であり，だからこそ，頭足類身体を生きられる詩人自身もまた，丸い（円い）存在なのである。しかも，この丸い私は，片割れの〈私〉と同じく，あなたのところまで飛んでいくことができるのだ。

いま論述した最果タヒの詩の論理は，前述したように，パルメニデスや西田幾多郎に共通する非日常私性（絶対真の私性）のひとつであり，「Ⅱ型：非日常性私性　P∧〜P　真（絶対真）」と示されるものである。

　以上のように，筆者は生きられる頭足類身体の代表として最果タヒの作品，およびその作品で表現された詩人の身体をオマージュしてきた。繰り返し強調するが，こうした類の詩作は，生きられる頭足類身体にだけ可能なものである。

Ⅳ. 萩原朔太郎『猫町』の解釈

1. 『猫町』の概要

　ここでは，萩原朔太郎の文学作品，『猫町』[萩原朔太郎，1995 ／萩原朔太郎＋心象写真，2006]を頭足類身体の立場から分析・考察することにしたい。

　ところで，本来，文学作品の分析はブックレビューを踏まえた上で行うべきであるが，『猫町』に限っていえば，取り上げるに値する先行研究は皆無であることから，私見を述べることにする。確かに，先行研究として，清岡卓行と中村稔の文芸評論があるにはあるが [中村稔，2016 ／清岡卓行，1991]，清岡は作品そのものよりも，萩原朔太郎が生きた時代に即してそれを外挿的に分析・考察するにとどまっている。一方，中村は同作品を萩原の失敗作だとした上で，見当違いな批判に終始している。両者を比べると，中村よりも清岡の方が忠実に作品を批評しているが，それでも取り上げることは不要だと判断せざるを得ない。

　以上のことから，筆者としては，『猫町』の作品そのものの分析に精力を傾けることにしたい。

ところで,『猫町』は3つの話から成るが,最初の2つの話が中心となる。

(1) 第一話の概要

まず1つ目の話は次の通りである。

主人公の私は,「旅が単なる『同一空間における同一事物の移動』にすぎない」と捉える。というのも,自宅からどこへ行っても,同じような人間が住んでいて,同じような村や町で,同じような単調な生活を繰り返しているだけだからである。ここには同一性の法則が反復しているのだ。ところが,こうした同一で退屈で味気ない日常を分かつものとして,私は「私自身の独特な方法による,不思議な旅行ばかりを続けていた。」こうした旅行は,モルヒネやコカインなどを用いた「麻酔によるエクスタシイの夢」というべきものである。

しかしながら,このような,麻酔によるインナートリップは,私自身の健康を著しく蝕むことになった。そこで養生を兼ねて運動のための散歩を行うことになるが,偶然,「私の風変りな旅行癖を満足させ得る,一つの新しい方法を発見した。」私は,医師からの指示で,毎日家から四,五十町(三十分から一時間位)の附近を散歩するわけだが,ある日,知らない横丁を通り抜けたところ,道を間違え,方角が解らなくなった。このような事態に陥ったのは,私が偏に方向音痴だからであり,その原因は「三半規管の疾病」にあるのではないかと悟る。

こうして,「私は道に迷って困惑しながら,当推量で見当をつけ,家の方へ帰ろうとして道を急いだ。」すると,私は,「私の知らない何所どこかの美しい町」に行き着く。この町には,清潔に掃除された街路,しっとりと露に濡れていた舗石。小綺麗にさっぱりして,磨いた硝子の飾窓には,様々の珍しい商品

が並んでいた商店，……，美しい四つ辻の赤いポスト，明るくて可憐な煙草屋の娘等々が見られた。こうした町並は，いつもの見慣れたものとはまったく異なる。

「だがその瞬間に，私の記憶と常識が回復した。気が付いて見れば，それは私のよく知っている，近所の詰らない，ありふれた郊外の町なのである。」それは私がよく知っている町であり，先程見た美しい町とは似ても似つかぬ退屈な町である。では私に何が起こったのか。

そのとき私に起こったのは，「記憶が回復された一瞬時に，すべての方角が逆転した」ことである。「すぐ今まで，左側にあった往来が右側になり，北に向って歩いた自分が，南に向って歩いていることを発見した。その瞬間，磁石の針がくるりと廻って，東西南北の空間地位が，すっかり逆に変ってしまった。同時に，すべての宇宙が変化し，現象する町の情趣が，全く別の物になってしまった。つまり前に見た不思議の町は，磁石を反対に裏返した，宇宙の逆空間に実在したのであった。」

かくして，見慣れた町が美しい町へと変貌した，あるいは美しい町が私の眼前に立ち現われたのは，三半規管の障害が原因となってＮ軸／Ｓ軸（磁極）が逆転したことにある。そして，あの美しい町，あるいは不思議な町は，磁極が逆転した「宇宙の逆空間」に実在することになる。あの美しい町はメタフィジカルに実在するのだ。

そして私は，「この偶然の発見から，私は故意に方位を錯覚させて，しばしばこのミステリイの空間を旅行し廻った。」以前は，自然と方向感覚が狂って道に迷ったが，今度は意図的に方向感覚を狂わせて道に迷い，このミステリー空間を旅行するわけである。

こうした論理にしたがうと，「一つの同じ景色を，始めに諸君は裏側から見，後には平常の習慣通り，再度正面から見たのであり，このように一つの物が，視線の方角を換えることで，二つの別々の面を持ってること。同じ一つの現象が，その隠された『秘密の裏側』を持っている」ことになる。東西南北の方位の逆転によって現出してくるのは，「事物と現象の背後に隠れているところの，或る第四次元の世界（景色の裏側の実在性）」であることになる。

　以上のことを要約すると，次のようになる。

1．主人公の私にとって，旅は単なる「同一空間における同一事物の移動」にすぎず，そこには同一性の法則が反復するのみである。
2．私はこうした同一性の法則に抗うべく，薬物による麻酔のエクスタシーの旅に浸った。
3．私は健康を回復するために，養生を兼ねて運動のための散歩をしたが，生来の三半規管の障害のために，道に迷い，美しい町に出くわすという不思議な体験をする。ところが，この体験は一時的なもので，気づけば，その町は見慣れたいつもの町であった。
4．あの美しい町は，持病の三半規管の障害が原因で起こる東西南北の空間地位の逆転によって現出するが，それは「宇宙の逆空間」に実在するものである。それはまた，景色の裏側の実在性である。
5．私は意図的に方向感覚を狂わせることで，このミステリー空間を旅行することを楽しむようになった。

（2）第二話の概要

次に，2つ目の話は次の通りである。

私は，秋に都会の自宅から離れて「北越地方のKという温泉に滞留していた。」この温泉地から離れたところに「繁華なU町」があってそこへは，軽便鉄道が通っていた。私はその軽便鉄道に乗ることを楽しみにしていたが，ある日，この軽便鉄道を途中下車して徒歩でU町の方へ歩いて行った。U町へ続く道は軌道レールに沿いながらも，林の中の不規則な小径である。私はその小径を歩きながら，この地方の山中に伝わる「古い口碑」のことを考えていた。その口碑とは，犬神や猫神に憑かれた村（「憑き村」）の住民の話であった。それは前近代的な因習ともいうべきものである。

「こうした思惟に耽ふけりながら，私はひとり秋の山道を歩いていた。その細い山道は，経路に沿うて林の奥へ消えて行った。目的地への道標として，私が唯一のたよりにしていた汽車の軌道レールは，もはや何所にも見えなくなった。私は道をなくしたのだ。

『迷い子！』

瞑想から醒めた時に，私の心に浮んだのは，この心細い言葉であった。私は急に不安になり，道を探そうとしてあわて出した。私は後へ引返して，逆に最初の道へ戻ろうとした。そして一層地理を失い，多岐に別れた迷路の中へ，ぬきさしならず入ってしまった。」

何時間も道に迷った後，私はようやく麓へと到着した。すると，私の眼前に「麓の低い平地へかけて，無数の建築の家屋が並び，塔や高楼が日に輝いていた。」そして私は，町の横丁から町の中へと入っていった。

「私が始めて気付いたことは，こうした町全体のアトモスフィアが，非常に

繊細な注意によって，人為的に構成されていることだった。単に建物ばかりでなく，町の気分を構成するところの全神経が，或る重要な美学的意匠にのみ集中されていた。空気のいささかな動揺にも，対比，均斉，調和，平衡等の美的法則を破らないよう，注意が隅々まで行き渡っていた。しかもその美的法則の構成には，非常に複雑な微分数的計算を要するので，あらゆる町の神経が，非常に緊張して戦っていた。たとえばちょっとした調子はずれの高い言葉も，調和を破るために禁じられる。道を歩く時にも，手を一つ動かす時にも，物を飲食する時にも，考えごとをする時にも，着物の柄を選ぶ時にも，常に町の空気と調和し，周囲との対比や均斉を失わないよう，デリケートな注意をせねばならない。町全体が一つの薄い玻璃で構成されてる，危険な毀れやすい建物みたいであった，ちょっとしたバランスを失っても，家全体が崩壊して，硝子が粉々に砕けてしまう。それの安定を保つためには，微妙な数理によって組み建てられた，支柱の一つ一つが必要であり，それの対比と均斉とで，辛じて支えているのであった。しかも恐ろしいことには，それがこの町の構造されてる，真の現実的な事実であった。一つの不注意な失策も，彼らの崩壊と死滅を意味する。町全体の神経は，そのことの危懼と恐怖で張りきっていた。美学的に見えた町の意匠は，単なる趣味のための意匠でなく，もっと恐ろしい切実の問題を隠していたのだ。」

　このように，この町はその中にある建物も，塔も，人間も，すべてのものが静寂のもと，一つの秩序に統御されていて，どこかの部分に軋みが生じると，町全体が崩壊しかねない調和で構成されていたのである。そのことは，私に過大の緊張感を与えた。

　「私は悪夢の中で夢を意識し，目ざめようとして努力しながら，必死にもが

いている人のように，おそろしい予感の中で焦燥した。空は透明に青く澄んで，充電した空気の密度は，いよいよ刻々に嵩まって来た。建物は不安に歪んで，病気のように瘠やせ細って来た。所々に塔のような物が見え出して来た。屋根も異様に細長く，瘠せた鶏の脚みたいに，へんに骨ばって畸形に見えた。

　『今だ！』
と恐怖に胸を動悸しながら，思わず私が叫んだ時，或る小さな，黒い，鼠のような動物が，街の真中を走って行った。」

　「瞬間。万象が急に静止し，底の知れない沈黙が横たわった。何事かわからなかった。だが次の瞬間には，何人にも想像されない，世にも奇怪な，恐ろしい異変事が現象した。見れば町の街路に充満して，猫の大集団がうようよと歩いているのだ。猫，猫，猫，猫，猫，猫，猫。どこを見ても猫ばかりだ。そして家々の窓口からは，髭ひげの生はえた猫の顔が，額縁の中の絵のようにして，大きく浮き出して現れていた。」

　このように，私は町全体が醸成する異変，たとえば建物，塔，屋根等々の変形を通して，何か恐ろしいことが起こるのではないかという予感を感じたとき，町中に猫の大集団が現われたのである。

　「私は自分が怖くなった。或る恐ろしい最後の破滅が，すぐ近い所まで，自分に迫って来るのを強く感じた。戦慄が闇を走った。だが次の瞬間，私は意識を回復した。静かに心を落付ながら，私は今一度目をひらいて，事実の真相を眺め返した。その時もはや，あの不可解な猫の姿は，私の視覚から消えてしまった。町には何の異常もなく，窓はがらんとして口を開あけていた。往来には何事もなく，退屈の道路が白っちゃけてた。猫のようなものの姿は，どこにも影さえ見えなかった。そしてすっかり情態が一変していた。町には平凡な商家

が並び，どこの田舎にも見かけるような，疲れた埃っぽい人たちが，白昼の乾かわいた街を歩いていた。」

　私の意識が回復したとき，つい先程までいた猫の大集団は消え失せ，「私のよく知っている，いつものU町の姿」が現われたのだ。そして私の意識が戻ったとき，私に何が起こったのかを理解した。私は，持病で三半規管の障害が原因でまたもや，不思議な町や猫の大集団に遭遇したのである。述懐すると，「山で道を迷った時から，私はもはや方位の観念を失喪していた。私は反対の方へ降りたつもりで，逆にまたU町へ戻って来たのだ。しかもいつも下車する停車場とは，全くちがった方角から，町の中心へ迷い込んだ。そこで私はすべての印象を反対に，磁石のあべこべの地位で眺め，上下四方前後左右の逆転した，第四次元の別の宇宙（景色の裏側）を見たのであった。つまり通俗の常識で解説すれば，私はいわゆる『狐に化かされた』のであった。」

　今度もまた，私は三半規管の障害により，N極とS極の磁極が逆転し，すなわち「磁石のあべこべの地位で眺め，上下四方前後左右の逆転」により，「第四次元の別の宇宙（景色の裏側）を見た」のである。

　ただ，この2回目の話が1回目の話と異なるのは，1回目の方が日常の世界が非日常の世界へと移行するのに対して，2回目の方が非日常の世界から日常の世界へと移行する点である。両者ともに，日常の世界と非日常の世界を行き来する点では同じであるが，その移り行きが正反対なのである。もっというと，この2回目の話の場合，私は軽便鉄道を途中下車した時点からすぐに，東西南北の空間地位が逆転したあべこべの世界に迷い込んだのであり，そのあべこべの世界の中で猫の大集団が現われるまで相当の時間がかかっている。前に引用したように，「山で道を迷った時から，私はもはや方位の観念を失喪していた。」

のである。この件は，1回目の話の「私は道に迷って困惑しながら，当推量で見当をつけ，家の方へ帰ろうとして道を急いだ」場面に相当する。2回目の話の場合，私が方位の観念を失ったことに気づけなかったのは，1回目のそれと異なり，土地勘がない場所で迷子になったからという単純な理由ではないと考えられる（これについては後述する）。

　以上のことを要約すると，次のようになる。

1．主人公の私は秋に北越地方温泉地に滞留していて，そこから軽便鉄道などを経由して少し離れたところにある繁華なU町へ出かけていた。
2．ある日，私は軽便鉄道を途中下車してその駅からU町へ歩いて向かった。
3．私は，レール軌道に沿ってU町へ向かう途中，この地方の山中に伝わる古い口碑のこと（猫や犬に憑かれた村の伝説）を考えていたところ，すぐに道に迷った。
4．数時間経ってようやく，私は麓に出ると，都会のような立派な町があった。
5．この町全体は，繊細な注意によって人為的に構成されていて，たとえば静寂に対する騒音のように，少しの軋みが町全体の崩壊につながるかのようであった。
6．町全体の不調和とともに，何か異変が起こる予兆が私に体感されたが，その瞬間，町中に猫の大集団が現われた。
7．こうした町全体の異変，特に猫の大集団が現われた原因は，私の三半規管の障害によるものであった。猫の大集団が現われたときこそ，私の持病がピークにさしかかった瞬間であった。またもや，私は磁石のあべこ

べの地位で眺め，上下四方前後左右の逆転により，第四次元の別の宇宙（景色の裏側）を見たのである。
8．私が意識を回復したとき，猫の大集団は消え失せ，いつものU町の姿が現われた。
9．述懐すると，私は山で道を迷った時から，私はすでに方位の観念を失い，第四次元の別の宇宙（景色の裏側）に入り込んでいたのである。

（3）第三話の概要

最後の3つ目の話についても言及しておきたい。

3つ目の話は，私が体験した2つ目の話，とりわけ猫の大集団を目撃したことについての述懐である。

「今もなお私の記憶に残っているものは，あの不可思議な人外の町。窓にも，軒にも，往来にも，猫の姿がありありと映像していた，あの奇怪な猫町の光景である。私の生きた知覚は，既に十数年を経た今日でさえも，なおその恐ろしい印象を再現して，まざまざとすぐ眼の前に，はっきり見ることができるのである。」

このように，私のカメラアイは，猫の大集団をありありと映像として記憶の中に刻印しており，あたかも PTSD のように，いつでも明瞭に再現することができる。私が体験したことは，単なる夢（白日夢）でも，妄想でも，空想でもなく，この世界，この宇宙のどこかに実在していると確信している。私からすると，その世界・宇宙は，磁極が逆転した上下四方前後左右の逆転によって初めて見ることができる第四次元の別の宇宙（景色の裏側），すなわちメタフィジカルな実在であることになる。私こと，萩原朔太郎という詩人は，この第

IV．萩原朔太郎『猫町』の解釈

四次元の別の宇宙（景色の裏側）の実在（リアリティ）を確信もしくは信奉しているのである．

2．頭足類身体からみた『猫町』の分析と考察
―――チベットの地図と逆さメガネを手がかりにして

では，パルメニデスや最果タヒなどの頭足類身体の立場およびその原論理（私性の論理学）からすると，いま要約したこの作品をどのように捉えることができるのであろうか，次に述べることにしたい．なお，その手がかりをチベットの地図と逆さメガネに求めることにする．

（1）チベットの地図と逆さメガネ

ところで，同作品を分析するにあたって，不可欠な知識がある．まずそれは，チベット人の地図である．心象写真を挿入した『猫町』のあとがきに当たる箇所で，萩原朔太郎の孫，萩原朔美がチベットの地図について次のように言及している．

「或る日，散歩中に，方向がわからなくなり，道に迷う．左右が逆になり，町がいつもと違って見える．その話から，私はチベットの地図を思い出した．われわれの地図は天空から見下ろした鳥瞰図だが，チベットのそれは，天体図のごとく地上の視点から描かれたものだ．だから，それを見て行動するには通常の感覚を逆転させなければならない．たとえば，自分が右に曲がりたいときには地図の右を見るものだが，チベットの地図では左に沿って行くというように．この感覚の揺らぎがおもしろく，地図ひとつをとってみても私たちの常識

39

が通用しない別な世界があることを思い知らされる。左右逆転，上下反転，迷児，……になりながら，朔太郎が瞑想していたのは，『もうひとりの自分』との出会いではなかっただろうか？」［萩原朔美，2006：93］，と。

　ここに引用した萩原朔美の記述が『猫町』の「正しい」解読の一助となることはいうまでもない。彼女が述べるように，私たち日本人が使用する地図は，「天空から見下ろした鳥瞰図」，または俯瞰図であり，「自分が右に曲がりたいときには地図の右を見る」ことは慣例なのだ。日本人を含む諸外国の大多数の人たちが普段，鳥瞰図を用いていることは，Google　Earth を想起すれば明らかである。これに対して，チベット人の地図は「天体図のごとく地上の視点から描かれた」ものであり，「自分が右に曲がりたいときには」，「左に沿って行く」ことになる。

　ところで，増原良彦は，チベットの地図を，鳥瞰図（俯瞰図）に対して，土竜図」［増原良彦，1984：39］と呼んでいる。そして増原は，萩原朔美がチベットの地図が，「天体図」と同一タイプのものだということに賛同するかのように，次のように述べている。

　「われわれがそのものを上から見おろすことができず，かならず下から見あげねばならないようなもの——そのようなものについては，われわれは必然的に土竜図を描かざるをえない。それは星座図である。星座図は，北を上に，南を下に，そして左に東を，右に西をとることになっている。……人間は地上にあって空を見あげるから，そう描くのがいちばん便利なのである。」［同前：41］，と。増原は，端的に「星座図は人間をもぐらにしてしまう。」［同前］と述べている。

　こうして，地図には，天空から下を見下ろす鳥瞰図と，地上から天空を仰ぎ

見る土竜図・天体図（星座図）という2つのタイプがあることが判明した。つまり，鳥瞰図が，上から下への視点であるのに対して，土竜図や天体図（星座図）は，下から上への視点であることになる。視点が上下反対になれば，それにともない，左右も反対になる。したがって，上下逆転は，上下左右逆転となるのである。もっというと，上を北，下を南に置き換えると，上下逆転は，南北逆転となり，ひいては，東西南北の空間地位が逆転することになる。

　萩原朔美が，チベットの地図を取り上げて，上下逆転，東西南北の空間地位の逆転に言及したのは，もはやいうまでもなく，『猫町』に登場する日常世界が磁極反転，上下逆転，東西南北の空間地位の逆転によって——すべては同一の事柄の別表現にすぎないが——，もうひとつの世界が立ち現われることを示したかったからである。私の散歩中に出現したあの美しい町は，「宇宙の逆空間」に実在するものであるが（裏側の実在性），それは，私の持病である三半規管の障害が原因となって起こる東西南北の空間地位の逆転によって現出するものなのである。

　このように，『猫町』は，鳥瞰図から土竜図または天体図への変更，「上から下への視点」から「下から上への視点」への変更によって，「宇宙の逆空間」を現出させたのである。いま述べたことは，第一話に該当することであるが，第二話もまた，これに準じた展開となっている。ただし，第二話の場合，視点の変更は第一話とは反対になる。私はU町へ向かう途中ですぐに道に迷い，その後，都会のような立派な町に出る。前述したように，私が道に迷ってからこの町の中に入り，そこで猫の大集団と出くわすまでの場面のすべてが，「宇宙の逆空間」なのである。そして私は，意識を回復し，この逆空間からいつものU町，すなわち日常世界へと戻るのだ。非日常世界から日常世界への移行は，

正反対であるにもかかわらず，その移行の契機が私の三半規管の障害であることと，前述した東西南北の空間地位の逆転に基づくことは，まったく同一である。したがって，これ以上の説明は不要であると判断する（なお，空間地位の逆転にも関係する，同作品の重大事については後述する）。

ところで，チベットの地図を通して，同作品に登場する日常世界（現実世界）と非日常世界（メタフィジカルな実在世界），および両者の移行について述べてきたが，ここで取り上げた東西南北の空間地位の逆転や磁極反転を理解する上で有用なものとして逆さメガネについて触れておきたい。

実は，チベットの地図や天体図のような土竜図のように，私たちが地上から天空に大地が広がっているように見ることができる方法がある。その方法とは，上下逆さのメガネを用いて情景を見るというものである［吉村浩一，2002：34-45／51-54］。こうした上下逆さのメガネを通して見ると，大地全体が空に浮き上がって見える。ただ，そのように見えるのは，上下逆さのメガネの着用時のみであってすぐにその視界は，元通りになる。とはいえ，上下逆さのメガネは，『猫町』の東西南北の空間地位が逆転した世界を主人公の私になって体験するのにうってつけの認知的道具であるといえる。

（2）頭足類身体「文学」としての『猫町』の分析・考察

①頭足類身体のタイプ

前に，第一話と第二話では，私の三半規管の障害が原因で東西南北の空間地位の逆転（磁極反転）によって日常世界と非日常世界の移行が起こる点は同じであるが，その移行の方向が正反対であると述べたが，こうした捉え方は機械

IV. 萩原朔太郎『猫町』の解釈

的でかつ本質的なものではない。むしろ,『猫町』は頭足類身体「文学」であり,頭足類身体論の立場から厳密に分析・考察すべきなのである。『猫町』のように,異様な,あるいは異世界的な文学作品は,凡庸な文芸評論では解読することができないのであり,これまで述べてきた頭足類身体論に基づいてこそ初めて解読可能なのである。

　頭足類身体論の立場から『猫町』を分析・考察する手がかりとして,私性の論理学を構築した東久部良信政の次の言明がある。

　「空間における差異が崩れ非差異が発生してくるのは,頭足類身体としての球体の身体の反映である三六〇度の同質の方向性であることによるか,あるいは頭足類身体の私性であるところのわたしがわたしでないことによりわたしは世界に等しく流出していて,あらゆる地点は世界の中心であり,かつ方位は無限に開かれているので,空間上の差異は存在しえないのである。」[東久部良信政,1978：42] と。

　この指摘は,頭足類身体の特性を理解する上できわめて重要なものである。というのも,これまで頭足類身体については,3歳未満の乳幼児,パルメニデス,最果タヒのように,私が「私」と「私でない」〈私〉の2つに分裂して,片割れの〈私〉が対象・世界・宇宙「になり」,ぴたりと合致するタイプのみを取り上げてきたからである。いうまでもなく,これらはすべて引用箇所の後者の方である。ところが,東久部良が指摘するように,頭足類身体には,もう一つのタイプが存在する。それが引用箇所の前者に当たる,自らが頭足類身体であることによって,「頭足類身体としての球体の身体の反映である三六〇度の同質の方向性である」タイプである。

　整理すると,頭足類身体には2つのタイプがあり,一つは,「〈私〉＝〈世界〉」

「になる」ことで，（残余の「私」から見て）球体と化した片割れの〈私〉が常に〈世界〉の中心となるタイプである。球体そのものは，どの3次元座標をとっても常に世界の中心となり，方位が無限に開かれることになる。もう一つは，これまで例示してこなかったタイプであり，それは，自らが頭足類身体としての球体－身体と化したものである。

　これら2つの頭足類身体は，世界の側から捉えたものと，自分の身体の側から捉えたものという記述仕方の相違を超えて——もし，そうであるならば，一つのタイプしか存在しないことになる——，実在すると考えられる。この時点で初めて判明することであるが，1つ目のタイプは，パルメニデスの頭足類身体を典型とし，2つ目のタイプは，3歳未満の頭足類身体を典型としているのではないか。ここまでは，3歳未満の頭足類身体イコールパルメニデスの頭足類身体と同定してきたが，3歳未満の頭足類身体は，パルメニデスのそれと異なり，片割れの〈私〉が身近な対象そのもの「になる」というできごとを残余の「私」が自省するどころか，そのこと自体に気づくことができない。そうした場合は，端的に頭足類身体「になる」と捉える方が賢明であろう。

　繰り返すと，3歳未満の頭足類身体は，形式上は，対象「になる（なった）」〈私〉を「私」が捉えるように見えるが，実は，パルメニデスらの頭足類身体と異なり，3歳未満の乳幼児は自我の未形成（未成熟）が原因で残余の「私」を自ら認識することができないことから，こうしたタイプの頭足類身体は，端的に「頭足類身体としての球体の身体」と捉えるのが妥当であるわけだ。したがって，『猫町』を通して初めて明らかになった頭足類身体のタイプを次の2つに分けることにしたい（原初的な方をタイプ1とした。頭足類身体の起源は，3歳未満の乳幼児にこそあり，タイプ1はこれ以外には存在しない）。

タイプ１：端的に自らが頭足類身体としての球体－身体であるタイプ
　　　　（３歳未満の頭足類身体）
タイプ２：残余の「私」が世界「になる」片割れの〈私〉を見る，または自省するタイプ（パルメニデスらの人類の原初的な思考や詩人の思考など）

②頭足類身体から捉えた『猫町』の世界――主人公の私の「成長」

　前項では頭足類身体のタイプを２つに分類したが，では『猫町』に登場する主人公の私は，２つの頭足類身体のうち，どちらのタイプだと考えられるか。結論から述べると，それは，３歳未満の乳幼児の生きられる頭足類身体を典型とするタイプ１，すなわち「端的に自らが頭足類身体としての球体－身体であるタイプ」に相当する。では，その根拠は何か，次に示すことにしたい。

　この点についてあらかじめ述べると，頭足類身体（タイプ１）は，第一話から第二話にかけて「成長」している。ただ，大人が３歳未満の乳幼児（頭足類身体）になるということから考えると，そのことは一種の「退行」であることから，「成長」と相反するかも知れない。それでもここでは，そういう含みであえて「成長」と記述したい。

　では，頭足類身体（タイプ１）の主人公の私が，第一話から第二話にかけてどのように「成長」したのかについて，そのことを論証することができる箇所を抽出することにする。その前に，第一話についておさらいをしておきたい。

　第一話では，主人公の私にとって，「旅は単なる，同一空間における同一事物の移動」にすぎず，そこには同一性の法則が反復するだけの世界である。私にとって現実に旅をすることは，「同一空間における同一事物の移動」と表現

されるように，自分が住む町からどこへ出かけようと，旅先の町，町並み，住人は自分が住む町と相も変わらず，同一であることから，魅力的なものではない。とはいえ，私が住む町と旅先の町は各々，東西南北の空間方位を基準にローカルな"顔"（町並み）を持っていて，空間方位に沿って整序されている。つまり，私が住む町であろうと，旅先の町であろうと，空間的には差異に満ちたところであることに違いはないのだ。特に，私が住む町は退屈であるが，差異を実感することができる空間である。主人公の私の空間知覚が正常である限り，この，いつも住み慣れた空間は安定した秩序を持って私の眼前に現出してくるのである。総じて，主人公の私にとって，町は差異的な空間なのである。

　ところが，第一話ではこのような，差異的な空間が一変することを表現する箇所が出てくる。

　「すぐ今まで，左側にあった往来が右側になり，北に向って歩いた自分が，南に向って歩いていることを発見した。その瞬間，磁石の針がくるりと廻って，東西南北の空間地位が，すっかり逆に変ってしまった。同時に，すべての宇宙が変化し，現象する町の情趣が，全く別の物になってしまった。つまり前に見た不思議の町は，磁石を反対に裏返した，宇宙の逆空間に実在したのであった。」

　この箇所は，前に，チベットの地図や（それを実体験できる）逆さメガネを持ち出して述べたように，主人公の私は方向感覚の錯覚によって，「磁石の針がくるりと廻って，東西南北の空間地位が，すっかり逆に変ってしま」うことで，客観的に存在していた空間（一定の文法によって整序された地理的，ローカルな空間，具体的にはいつもの町並），総じて差異的な空間が崩壊する。この点について東久部良は，「地理空間の同質化の事態が，現象界を日常から非日常へと変転させ，メタフィジカルな世界をその中で実在させる」［同前：44］

というように,「方位感覚の錯覚(変容)イコール非差異的な空間=(地理空間の同質化)=メタフィジカルな世界の現出」と捉えている。

　しかしながら,十分注意を凝らすと,主人公の私は方位感覚の錯覚(変容)を起こしても,方位の観念それ自体は喪失していない。この点は,後述する第二話においてきわめて重大事となってくる。そのことはともかく,主人公の私は,三半規管の障害が原因となって方位感覚の錯覚(上下逆転にともなう東西南北の空間地位の逆転)を起こし,チベットの地図や天体図よろしく,「宇宙の逆空間」にメタフィジカルな世界の実在を見出したのである。繰り返し強調すると,第一話において主人公の私は未だ,方位感覚の錯覚を起こしても,方位の観念それ自体を喪失していないのだ。それでも——第二話の話から明らかになるように——,主人公の私の眼前には,かの形而上学的な実在世界が現出してきたのである。

　次に,第二話について簡潔におさらいをしておきたい。

　主人公の私は,滞在する温泉地からU町へ行く途中で,いつもとは異なるルートを通ったことから長い時間,道に迷った後,都会のような美しい町に遭遇する。この美しい町は,何もかもが完璧で少しの綻びもなく,均整のとれた空間である。にもかかわらず,この美しい町は夢の中の現象であるかのように,静止した影のような空間なのである。つまり,主人公の私にとってこの美しい町にはまったく差異が見られない,または感じられないのだ。そして,この町全体の緊張感が高まり,神経が張り詰め,主人公の私が予感したように,町全体に異変が起こる。その瞬間,町中に猫の大集団が現われたのだ。こうした異変が起こったのは,主人公の私の三半規管の障害によるものであるが,私は磁石のあべこべの地位で眺め,上下四方前後左右の逆転により,第四次元の別の

宇宙（景色の裏側）を見たのである。

　いま記述したことを単純に分析・考察すると，主人公の私が道に迷ったときからすでに，（上下逆転にともなう）東西南北の空間地位の逆転によって美しい町が現出し，それが崩壊すると同時に，猫の大集団が現出した，というようになる。それは，非差異的な空間の現出である。第二話は第一話とは異なり，主人公の私が道に迷ったときから，非差異的な空間（厳密には，圏域）に足を踏み込んでいる。そして，時間の経過とともに，非差異的な空間の強度が増していき，やがて終局を迎える。

　ところで，第二話では主人公の私が非差異的な空間に迷い込んだ様子が次のように述懐される箇所がある。

　「山で道を迷った時から，私はもはや方位の観念を失喪していた。私は反対の方へ降りたつもりで，逆にまたU町へ戻って来たのだ。しかもいつも下車する停車場とは，全くちがった方角から，町の中心へ迷い込んだ。そこで私はすべての印象を反対に，磁石のあべこべの地位で眺め，上下四方前後左右の逆転した，第四次元の別の宇宙（景色の裏側）を見たのであった。つまり通俗の常識で解説すれば，私はいわゆる『狐に化かされた』のであった。」

　主人公の私は，山で道を迷った時から，私はもはや方位の観念を失喪していた」と述べているが，まず，この場合の「方位の観念の失喪」に注目することにしたい。「失喪」を「喪失」と現代語に読み替えた上で述べると，主人公の私はいつもの三半規管の障害が原因となって「すべての印象を反対に，磁石のあべこべの地位で眺め，上下四方前後左右の逆転した，第四次元の別の宇宙（景色の裏側）を見た」わけであるが，この場合，主人公の私は，方位感覚の錯覚ではなく，方位の観念の喪失によって，かのメタフィジカルな世界を見たと述

IV．萩原朔太郎『猫町』の解釈

べている。つまり，第二話で主人公の私は，方位の観念それ自体を喪失したのであって，第一話のように，方位感覚を錯覚したわけではないのだ。では，方位の観念の喪失と方位感覚の錯覚を比べた場合，どちらがより深刻な体の異変なのか。それはいうまでもなく，前者の方位の観念の喪失の方である。方位感覚の錯覚を別の表現で述べると，たとえば空間知覚の異常となる。これに対して，方位の観念の喪失はたとえば空間知覚の喪失となる。

以上のことから，主人公の私は第一話から第二話へと移行する過程で——文学作品には主人公が登場することから，文学作品にもそれなりの時間が経過すると考えて——，明らかに頭足類身体として「成長」していることになる。その根拠は，方位感覚の錯覚から方位の観念の喪失への移行に見出される。この移行は劇的である。そのことに加えて，主人公の私は「山で道を迷った時から，私はもはや方位の観念を失喪していた。」というように，かなり長い時間，方位の観念を喪失したままなのである。方位感覚の錯覚は，必然的に方位の観念の喪失をともなうとは限らないが，方位の観念の喪失は，方位感覚の錯覚を必然的にともなうのである。というよりも以前に，どのような原因にせよ，方位の観念を喪失することは，私たち人間にとってのっぴきならない事柄，もっといえば，生死にかかわる一大事なのだ。

しかしながら，方位の観念を喪失することは，主人公の私が，ここの地点，あそこの地点，否，nというすべての任意の地点がすべて中心となり得る，非差異的な空間である球体，もっといえば，すべての場所がまったく同一であるような同質の空間である球体であることを意味する。それはいうまでもなく，主人公の私が頭足類身体としての球体−身体「になった」ことを意味する。そうした意味で，方位の観念の喪失とは，頭足類身体として「成長」したことな

49

のである。

　『猫町』は，（主人公の私の）空間知覚の変容（異変）を契機に，メタフィジカルな実在世界を垣間見るという文学作品であるが，肝心の空間知覚の変容の度合いは，第一話から第二話へかけて深まっているのである。読み手としては，こうした微細な変化を見落としてはならないのだ。もっというと，こうした変容は，朔太郎自身の病気の悪化を示唆している。東久部良がいみじくも述べるように，「『猫町』の主人公では，球体身体であることより生じる四方八方を同時に看守することのできるという方位の同質性の方をより鋭敏に捕らえていたということができる」［同前：40］わけであるが，こうした指摘は間違いでないにしても，「方位の観念の喪失」という表現から，主人公の私が球体身体として「成長」している，あるいは退行が進んでいる，病気が悪化していることを読み解く必要があるのではないか。

　いずれにせよ，主人公の私は，方位の観念の喪失へと至ることからわかるように，3歳未満の乳幼児の頭足類身体への移行によって，身体感覚および空間知覚を崩壊させることになったのである。

　本章の最後に，こうして3歳未満の乳幼児の頭足類身体への移行によって，身体感覚および空間知覚が崩壊することとはどういう事態なのかについて付け加えておきたい。

　主人公の私の頭足類身体とは，「Ｉ＝Ｉ」というように，日常的な自己（Me）を切断して，あるいは一時的に失念して，形のない私をあるがままに自己迎接する「本当の私」である。この精神病理的な「Ｉ＝Ｉ」としての私こそ，『猫町』の主人公である頭足類身体としての私なのである。したがって，この自己迎接する「Ｉ＝Ｉ」は，脳または心の内奥に住まう純粋意識であることになる。

レインの図を用いて説明すると，にせの身体的自己は，非差異的な空間を見る私であり，空間知覚の異常者であり，本当の非身体的自己は，球体－身体と化したことを夢想する超観念的な私である。したがって，『猫町』の話は実際には，にせの身体的自己と本当の非身体的自己が同時に体験していることを外に向けて描写したものであることがわかる。そうであるならば，『猫町』に登場する主人公の私は，統合失調症質者（スキゾイド）である可能性が高い。否，厳密に述べると，第一話から第二話にかけて頭足類身体として，私は方向感覚の錯覚から方位の観念の喪失へと「成長」していることから考えて，もはや統合失調症質者（スキゾイド）どころではなく，真性の統合失調症者（schizophrenic）である可能性が高い。

結　語

　以上，頭足類身体の諸相を3歳未満の乳幼児の生きられる頭足類身体，人類の原初的思考である古代ギリシャ（エレア派）のパルメニデスとゼノンの頭足類身体，詩人，最果タヒの頭足類身体と，作家，萩原朔太郎の『猫町』における主人公の私の頭足類身体について順次述べてきた。では最後に，このようにさまざまな頭足類身体を図示することで総括しておきたい。なお，頭足類身体の諸相を統一的にまとめるために，その基準として R.D.レインの「2つの自己と他者関係」についての図を活用することにしたい。その際，統合失調症質者（スキゾイド：人格障害者，またはパーソナリティ障害者）と統合失調症者（スキゾイド）についてもこの図を用いてまとめることにする。

　その図示を行う前に，次のことを確認しておきたい。当初，3歳未満の乳幼児の頭足類身体は，パルメニデスや最果タヒと同型的に表していたが，Ⅲ章で『猫町』を頭足類身体論から分析・考察した際，それが実は，他の頭足類身体のタイプとは異なると述べた上で，「端的な頭足類身体」のタイプだとした。つまり，3歳未満の乳幼児の場合，自己形成の未熟さから鑑みて，パルメニデスらのように，2つの私に分裂して，残余の「私」が，対象・世界・宇宙そのもの「になった」片割れの〈私〉を見る，あるいは自省することは起こり得ないのである。そこで3歳未満の乳幼児に限っていうと，乳幼児は無自覚でありながらも，すべての地点が中心になる頭足類身体そのものを生きられていると

53

考えられる。3歳未満の乳幼児の頭足類身体こそ,真正の頭足類身体であるが,あまりにもそれを端的に生きられているがゆえに,すなわち認識論的には距離をとることができないというあまりの「近さ」ゆえに,図示することができないのだ。要するに,3歳未満の乳幼児は,認識論的には捉えることができない——説明するのを拒む——純粋な生きられる頭足類身体なのである。とはいえ,乳幼児は,「I＝I」と「I＝Me」とのあいだを行きつ戻りつするのである。裏を返すと,パルメニデスらの頭足類身体は,論理的に記述することができる「知られた」頭足類身体だとはいえないであろうか（この場合の「知られた」というのは,「生きられた」と比べて生から距離がある,総じて生からの遠さという意味である)。むしろ,3歳未満の乳幼児の頭足類身体こそ,存在論的なのである。

　以上のことを鑑みつつ,レインの図を基準に総括したものが,図4～7（次ページ以降に順次,記載）である。普通の人たちは図4,3歳未満の乳幼児は図5,統合失調症質者（スキゾイド）は図6,統合失調症者は図7,というように,各々表すことができる。この図示をもって本書の結語としたい。なお,統合失調症者の心像を示す図7については,当事者の心の内を表す「否定妄想の事例」（2例）[笠原嘉・須藤敏浩, 1976]を並記した。事例からわかるように,彼らは自らの身体を誰かによって支配・統制されていると妄想しており,そうした支配・統制される自己から解放されるために,身体を麻痺させることを選択しているのだ。それに引き換え,図6の統合失調症質者は他者とかかわる自己を偽の自己とみなし,それを切断しようとするにとどまる。

結語

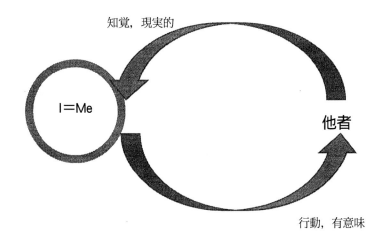

図4　2つの自己と他者関係：普通の人たち

※ I＝Me：身体化された自己

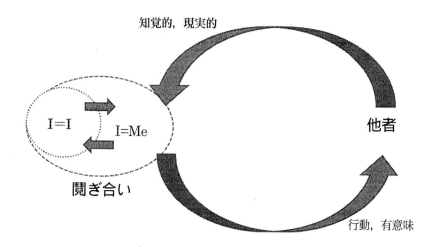

図5　2つの自己と他者関係：3歳未満の乳幼児
〈頭足類画あるいは頭足類的心像（イメージ）〉

※ I＝MeとI＝Iの鬩ぎ合いの中で制作される頭足類画

55

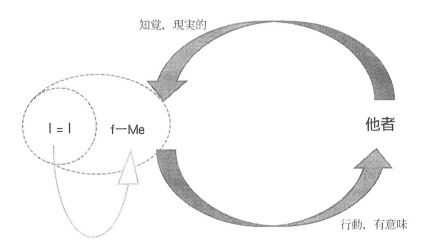

切断（トカゲの尻尾切り）
図6　2つの自己と他者関係：統合失調症質者

〈頭足類的心像（イメージ）〉

※ I = I：内的自己（純粋意識）

f －Me（false－Me）：身体化された「にせ」の自己

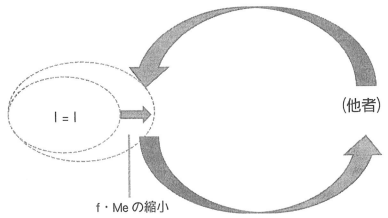

f・Me の縮小
図7　2つの自己と他者関係：統合失調症者（特に，否定妄想）

※ f －Meの縮小と I＝I の拡大

否定妄想の事例（図7の補足資料）

①「否定観念。高校三年生の夏から性別もなくなりました。体はありません。内臓もありません。体がないから物に触れると言うことがないんです。親もありません。家もありません。言葉がないので誰とも通じません。名前をよばれても自分がないので返事ができません。感情がありません。見るとか聞くとか判ると言うことがないのです。私には何々している状態というものがありません。時間とか距離もありません。有ると言うことがそもそもないのです。」（自己存在の否定による絶対的自由の獲得）

②「左手を動かさないように私がしたのです。……万物によって動かされたり入りこまされたりしていた自分が，こうすることによって少なくとも左手だけは動かされることのない自分になったのです。こうしておけば，自分が自分の身体を超え出て大きくなって万物の中へ入り込み，自分と万物との区別がつかなくなり，自分の苦しみが万物の苦しみになったり，自分が動いているのか，まわりが動いているのか，動かしているのか，動かされているのかわからないあの状態から自由でおれます。」（左上肢麻痺［手の異変］を有する人の否定妄想，およびそれによる絶対的な自由の獲得）

補遺　もうひとつの頭足類身体としてのタコ
──P.ゴドフリー＝スミス著『タコの心身問題』の書評を通して

　筆者は頭足類画をはじめ，こうした身体像を抱いたり描いたりする3歳未満の乳幼児の身体を「頭足類身体」と命名し，研究課題としてきたが，ここで「頭足類」の原義は，ある動物の総称である。このある動物とは，軟体動物門の頭足綱に属するそれであり，具体的には，タコとタコをはじめ，オウムガイ，コウモリダコ，さらには絶滅種であるアンモナイトが含まれる。あらかじめ述べると，頭足類画や頭足類身体が，胴体がなく（no-body），頭から直に手足が生えている形状であるのに対して，本物の生物である頭足類は，胴体，頭，足（多数の足）を持っていて，目，神経系，筋肉が著しく発達している。とりわけ，タコやイカはきわめて知能が高い。肝心なのは，生物の頭足類は，胴体を持っているということだ。頭足類画や頭足類身体の特徴から逆算して，タコやイカなどの頭足類動物に胴体がないと思い込むのは，早計である。

　ここでは生物である頭足類について述べるが，主役はタコである。なぜタコなのかというと，それは最近，分析哲学を専門とするゴドフリー＝スミスの著書，『タコの心身問題』が翻訳・刊行されて，話題になったからである。しか

もその著書は，タコの生態を扱う生物学のそれではなく，書名の通り，タコの心身問題，いわゆるタコの心を研究対象としているから興味深い。タコのユニークな生態やタコの神話を扱う著書ならR.カイヨワの『蛸』をはじめ，過去にも少なからずあった。強調するが，ゴドフリー＝スミスの著書の主題は，紛れもなくタコの心なのだ。

そこで頭足類画や頭足類身体を研究課題とする筆者自身，是非，同書の書評を書きたいと思った。書評だけでなく，本家本元の頭足類であるタコと，頭足類身体との接点を見出したいと考えた。

ところで，ゴドフリー＝スミスによると，タコの寿命は短く，わずか2年であるという。しかもタコは，高い知能を持ちながらも，軟体動物という宿命から化石として後世に残ることは少なく，その実態はあまり知られてこなかった。

同書を読むうちに，筆者は，本物の生物である頭足類と（人間の）頭足類身体は身体構造上，まったく異なるもの（似て非なるもの）だということを前提としながらも，もしかすると，認知機能上，似通った点があるのではないかと考えたのである。

こうした観点からみるとき，ゴドフリー＝スミスによるタコについての記述で注目すべき知見は，主として3つある。

1つ目は，進化上，異なる道筋で2つの種類の心が生まれたという知見である。つまり，ひとつは，魚類・鳥類・哺乳類という脊椎動物（特に，人類）の進化の木であり，もうひとつは，タコやイカなど海に棲息する無脊椎動物（軟体動物）の進化の木である。訳者があとがきで指摘するように，エディアカラ紀（5〜6億年前）に哺乳類（人類）と頭足類（タコ）の共通の祖先が生きていて，そのすぐ後に，枝分かれをして，両者の祖先はまったく無関係に別々に

進化を遂げていった。カンブリア紀になると，さまざまな動物が生まれ，それらが相互交流するという生育環境の中で，頭足類もまた，心を進化させたと考えられる。このように，進化は「まったく違う経路で心を少なくとも二度，つくった」のだ。私たち人間（ヒト）からみて，もうひとつの進化の道筋において最も高度な知能を有する動物がタコをはじめとする頭足類なのである。頭足類は無脊椎動物の進化の頂点にあり，その中でも，タコの神経細胞数が想定外に多いことから，「心は海の中で進化した」［Godfrey-Smith, 2016=2018：241］といっても決して過言ではないのだ。引用を続けると，「海の水が進化を可能にした。ごく初期には，何もかもが海の中で起きたのだ。生命が誕生したのも海で，動物が誕生したのも海だ。神経系，脳の神髄が始まったのも海の中だった。また，脳が価値を持つには，複雑な身体が必要になるが，その複雑な身体が進化したのも始めは海の中だった。……動物は自分の身体の中に海を抱えて乾いた陸に上がった。基本的な生命活動はすべて，膜に囲まれ，水で満たされた細胞内で営まれる。細胞は，海の切れ端を中に抱えた小さな容器だと言ってもいい。」［同前：241-242］，と。

　２つ目は，頭足類であるタコの有するまったく独自の認知能力についての知見である。同書では人間からみて頭足類（タコ）との出会いは，「地球外の知的生命体」［同前：10］，いわゆるエイリアンとのそれだとしている。最近，制作された〈コンタクト〉という映画の中でタコに類似した宇宙人が登場するが——そして，過去にも宇宙人といえば，タコのような形状をしていた——，私たち人間が想像する地球外の知的生命体は必ずといっていいくらい，タコなのだ。しかも，原著のタイトルでは「Others Mind」とあるように，私たち人間にとってタコは同じような心（マインド）を持つ不可思議な存在なのである。

では頭足類（タコ）はどのような認知能力を有するのかというと，それは，中央集権的ではない３つの脳と８本の触手から成る。頭または胴体にある脳にはほとんど神経網はなく，触手に多くの神経網がある。人体で喩えると，頭足類（タコ）は，脳とは独立・自律した形で手足が独自に思考したり運動（活動）したりする。こうしたタコの認知機能を明確化するために，同書では「身体化された認知」という心理学理論が持ち出される。

　ところで，「身体化された認知（embodied cognition）」理論とは何かというと，それは，「身体に形状，構造に情報が記憶されている」［同前：91］，つまるところ，周囲環境の状況およびその対処法という情報が，脳に記憶されるわけでなく，身体の形状や構造に記憶されているという捉え方である。卑近な例で述べると，人間に対する「温かさ」は，身体にも記憶されているので，他者と接するときには，冷たい飲み物よりも温かい飲み物を出せば良い結果が得られるということになる。

　しかしながら，「タコというのは，他の動物と違い，定まった形状を持たない動物」［同前］であることから，この「身体化された認知」は成り立たないのである。タコは，「脳を含めた『神経系全体』が一つになっている。タコはどこからどこまでが脳なのかがそもそもはっきりしない。ニューロンが密集している箇所が身体のあちこちにあるからだ。タコは身体系で満たされていると言ってもいい。」［同前：92］

　認知的能力について筆者はこれまで，独立系として活動する身体と，脳からの指令で統御される身体が並行していると捉えてきたが，同書では，そもそも，脳と身体を別個のものだとする捉え方を破棄する。むしろ，「タコの身体は，ある意味で『非－身体化されている』」［同前］のだ。タコは，自らの形状や構

造に一切囚われることなく，変幻自在に思考したり活動したりしているのである。少なくとも，私たち人間が前提とする，脳と身体の分離，そして，それを脳優位な捉え方から身体優位の捉え方へ反転させた「身体化された認知」は，タコにはまったく当てはまらないのである。一言でいえば，タコは全身活動家（全身思考者）なのだ。

　タコの認知能力のエピソードについても付け加えると，それは，次の通りである。

　高速度で皮膚の色を変えたり，元々，擬態のためのメカニズムを活用してコミュニケーションや情報伝播の手段として使ったり，特定の人物（嫌いな人）に対して水を吹きかけたり，実験室に初めて来た人に水を掛けたり，夜間に隣の水槽へ忍び込んで，飼育魚を食べて何食わぬ顔をして自分の水槽へ戻り，蓋をしたり，一生かけて自分が気に入る蛸壺を探し続けたりする（他の著書に記載）……，である。

　3つ目は，まったく独自の認知能力を有するタコをどのように理解すればよいかについての知見である。ゴドフリー＝スミスは分析哲学者でありながらも，ダイバーとして何度も海に潜ることでタコと出会ってきた。そして彼は，タコの心と出会ったのだ。どのように出会ったのかというと，それは，「主観的経験」を通してである。ここでいう主観的経験とは，「自分の存在を自分で感じること」であり，「もし〜になったら，どのような気分か」（「タコになったらどんな気分か」）［同前：96］というものである。注意すべきなのは，彼のいう主観的経験が「生命の根幹ともいえる現象であり何らかの説明を必要とする」が，この場合の説明が，「『意識』を説明するということ」［同前］ではないということだ。むしろ意識は主観的経験の一つにすぎないのだ。主観的経験のメ

カニズムは，「感覚→行動」および「行動→感覚」といった２つのループによって説明されるが，ここでは「行動→感覚」が人間だけでなく，タコにもみられることを記すことに留めたい（ゴドフリー＝スミスはプラグマティズム哲学者，J.デューイの研究者であることから，「因果関係の弧」［同前：99］を援用している）。

以上述べてきたように，頭足類（特に，タコ）の特徴は，次の通りである。

まず，頭足類（特に，タコ）は，海に棲息する無脊椎動物（軟体動物）の進化の木という人間とは別の経路で心を進化させてきた。

次に，その独自の認知能力（心も含む）は，脳／身体を分離する二元論を超えて変幻自在に活動・思考する。

最後に，地球外の知的生命体というべきタコの心を理解する方法は，タコの運動・活動と波長を合わせつつ，「タコになったらどんな気分か」という主観的経験を用いることである。

こうした頭足類（特に，タコ）の特徴からすると，タコと３歳未満の乳幼児の頭足類身体の共通点は，次のようになる。

３歳未満の乳幼児の生きられる頭足類身体は，脳／身体，自己／他者という区別・分離以前の，主客未分および自他未分の状態にあり，脳の可塑性が示唆するように，変幻自在であった。タコもまた，認知能力や心について人間とはまったく異なる構造を有しながらも，生きられる身体としては，乳幼児と同様，変幻自在である。両者ともに，全身を一つにして対象そのものにかかわっていくという点で同じである。なかでも，両者がきわめて類似しているのは，自己を他者化もしくは他性化している点である。３歳未満の乳幼児は，自己と非自己との区別がなく，しかも，常に自己を「非自己化＝他者化＝他性化」するこ

とで，対象（具体的な個別）との一体化を行う。一方，タコは，脳の制御を逃れて8本の触手（人間でいう手足）が自律的にかつ独自に活動したり思考したりするが，そのことは，タコにとって触手（手足）が非身体，もしくは身体を超えた外の身体であることを意味する。タコの脳にとって触手は外に位置するのだ。しかも触手は，タコの本体から切断されても，しばらくのあいだは動いたりモノを掴んだりするという。そのことは偶然の一致であるかもしれないが，3歳未満の乳幼児とタコは，周囲環境に対して類似したかかわり方および認知モードを持つのである。

　筆者は，同書を読むことで，頭足類と頭足類身体の〈近さ〉や〈類似性〉を確信したのである。

文 献

東久部良信政　1978　『頭足類の人間学』葦書房。

Godfrey-Smith,P.　2016　**Other Minds：The Octopus, the Sea, and the Deep Origins of Consciousness**, Farrar, Straus, and Giroux.（P.ゴドフリー＝スミス，夏目大訳『タコの心身問題――頭足類から考える意識の起源――』みすず書房，2018 年。）

萩原朔太郎　1995　『猫町 他十七篇』岩波書店。※底本の親本：萩原朔太郎『萩原朔太郎全集 第五巻』筑摩書房，1976 年。初出：『セルパン』8 月号，1935 年。

萩原朔太郎＋心象写真　2006　『猫町』KK ベストセラーズ。

萩原　朔美　2006　「『猫町』をめぐって」，萩原朔太郎＋心象写真『猫町』所収，92-93 頁。

笠原嘉・須藤敏浩　1976　「否定妄想について――若い婦人の一例――」，土居健郎，他編『分裂病の精神病理 6』東京大学出版会，193-213 頁。）

清岡　卓行　1991　『萩原朔太郎『猫町』私論』筑摩書房。

清岡　卓行　1995　「解説」（『猫町 他十七篇』所収）岩波書店，119-163 頁。

Laing,R.D.　1961　**Self and Others**, Tavistock Publications.（R.D.レイン『引き裂かれた自己――分裂病と分裂病質の実存的研究――』志貴春彦・笠原嘉訳，みすず書房，1975 年／『引き裂かれた自己――狂気の現象学――』天野衛訳，筑摩書房。）

増原　良彦　1984　『あべこべの世界―奇想のきっかけ―』KK ベストセラーズ。

中井　孝章　2004　『頭足類画の深層／描くことの復権』三学出版。

中井　孝章　2018　『頭足類身体原論』大阪公立大学共同出版会。

中村　稔　2016　『萩原朔太郎論』青土社。

パルメニデス　1958　山本　光雄（訳編）『所期ギリシア哲学者断片集』岩波書店。

最果　タヒ　2017　清川あさみ・最果タヒ『千年後の百人一首』リトルモア。

高橋昌一郎　2019　「ゼノンのパラドックス①②③」，Newton 別冊『絵でわかるパラドックス大百科——論理的思考が鍛えられる 50 の逆説——』ニュートンプレス，146-151 頁。

Wallon,H.　1949　**Les Origines du Caractêre chez L'enfant**, Universitaire de France. (H.ワロン，久保田正人訳『児童における性格の起源』明治図書，1965 年。)

吉村　浩一　2002　『逆さめがねの左右学』ナカニシヤ出版。

あとがき

　本書で頭足類身体に関する著書は，3冊目となる。

　まず1冊目は，『頭足類身体原論』（大阪公立大学共同出版会，2018年）［以下，『原論』と略記］であり，2冊目は，『新実在論×頭足類身体』（日本教育研究センター，2019年）である。なお，この『原論』を「頭足類身体シリーズ0」とし，2冊目を「シリーズ1」としたことから，本書は3冊目にもかかわらず，シリーズ2となった。

　さて，本書では『原論』で論述した，3歳未満の乳幼児の生きられる頭足類身体をベースとしながらも，頭足類身体の領域を拡張して，人類の原初的思考である古代ギリシャのエレア派，特に哲学者，パルメニデスと数学者，ゼノンの頭足類身体，詩人，最果タヒの頭足類身体（『原論』からの再録），作家，萩原朔太郎『猫町』に登場する主人公の私の頭足類身体，そして正真正銘の「頭足類」としてのタコについて論述した。タコについてはともかく，図で総括したように，これらの頭足類身体たちはみな，同型の情動－認知システムを有していることが判明したのである。

　それでも，『原論』で詳述したように，頭足類身体の本家本元は，3歳未満の乳幼児の頭足類身体なのであって，この頭足類身体なしにはこれ以外の頭足類身体について何ら語ることができないのである。いわゆる"別格の"頭足類

身体である３歳未満の乳幼児のそれは，本書で『猫町』を分析・考察したことによって初めて，エレア派をはじめ，これ以外の頭足類身体とは異なるタイプとして分類すべきことが判明した。結語で図によって明確化したように，３歳未満の乳幼児は「端的に生きられる頭足類身体」というタイプなのである。このタイプに属するのは，３歳未満の乳幼児の頭足類身体のみである。というのも，この頭足類身体の場合，他の頭足類身体のように，２つの「私」と〈私〉に分裂して，残余の「私」が対象「になった」片割れの〈私〉を見たり自省したりすることがないからである。しかも，３歳未満の乳幼児の生きられる頭足類身体は常に，日常世界の中でただ只管（大人の側から表現すると，無我夢中の状態で）具体的な個別（この花やこの樹やこの玩具など）「になる」のである。個々の対象「になる」過程，および「になった」結果はすべて，日常世界の中で平然と行われるのだ。したがって，こうした頭足類身体は，「端的に生きられる頭足類身体」と表現するしかないのである。しかも，この頭足類身体においては，すべての地点が中心となる身体，もしくは中心となり続ける身体を生きられるのだ。こうした３歳未満の乳幼児の生きられる頭足類身体のイメージ（身体像）を，大人の側から表現するなら，それは，球体というしかない。たとえば，埴谷雄高は，こうした身体像としての球体のことを「自在圏」と名付けた。この言葉ほど，３歳未満の乳幼児の身体像を的確に表現したものはないと考えられる。

　こうして，３歳未満の乳幼児の生きられる頭足類身体は，すべての地点が中心となる（なり続ける）身体，すなわち「自在圏」であり，「端的に生きられる頭足類身体」なのである。なお，この頭足類身体に近いものとして，統合失調症質者（スキゾイド）や統合失調症者（スキゾフレニー），特に否定妄想の

患者が挙げられる。統合失調症質およびその増悪としての統合失調症の頭足類身体（像）は，3歳未満の乳幼児の頭足類身体への「回帰＝退行」であり，「Ⅰ＝Ⅰ」という自己迎接でありながらも，「Ⅰ＝Ⅰ」という純粋意識への自己の閉じ込め，いわゆる貧しい自閉となる。

　これに対して，それ以外の頭足類身体は，2つの「私」と〈私〉に分裂して，残余の「私」が対象・世界（風景）・宇宙「になった」片割れの〈私〉を見たり自省したりする，自覚されたそれであった。とりわけ，パルメニデスが自らの頭足類身体によって見出した一者としての全宇宙は，生成・消滅・運動しない，静止した永遠の実在世界であり，その様相は（スケールは小さいが）『猫町』に登場するあの美しい町に相当する。あるいは，もっと機転を利かせると，それは，最近話題になった「曜変天目」の茶器に匹敵する。この茶器（茶碗）は，自らのボディ（器）の表面に宇宙を映現する究極の工芸作品である。ミクロコスモスにマクロコスモスを映し出す様相はまさに，パルメニデスの宇宙そのものではあるまいか。今日の私たちは，この曜変天目を指標（インデックス）とすることにより，パルメニデスが自らの頭足類身体によって到達した全宇宙という形而上学的な実在世界にふれることができると考えられる。

　これからも，3歳未満の乳幼児の生きられる頭足類身体をベースに，さまざまな領域へと分け入り，さまざまな形の頭足類身体を見つけ出していきたいと考えている。いまの著者は，頭足類身体をおいてそれ以外に何を研究するのかというくらいに，頭足類身体研究に没頭している。カバー表紙にあるハンプティー・ダンプティーは，アリスの世界に登場する前，マザーグースの世界に登場しており，乳幼児にはお馴染みの人物である。ハンプティー・ダンプティーは，いわゆる頭足類身体を代表するアイドル的存在であるが，今後もハンプテ

ィー・ダンプティーと一緒に，頭足類身体の冒険に出ることにしよう。

令和元年5月1日

著　者

著者略歴

中井孝章（なかい　たかあき）
1958年大阪府生まれ。現在，大阪市立大学生活科学研究科教授。学術博士。
主著：『学校知のメタフィジックス』三省堂
　　　　『学校身体の管理技術』春風社
単著〈2010年〉以降）：
『子どもの生活科学』日本地域社会研究所
『配慮（ケア）論』大阪公立大学共同出版会
『忘却の現象学』三学出版
『イメージスキーマ・アーキテクチャー』三学出版
『空間論的転回序説』大阪公立大学共同出版会
『無意識3.0』三学出版
『教育臨床学のシステム論的転回』大阪公立大学共同出版会
『〈心の言葉〉使用禁止！―アドラー心理学と行動分析学に学ぶ―』三学出版
『学校機械論―ハードウェアからの改革―』日本教育研究センター
『カウンセラーは動物実験の夢を見たか』大阪公立大学共同出版会
『賢治の読者は山猫を見たか』日本教育研究センター
『驚きの音風景』日本教育研究センター
『驚きの因果律あるいは心理療法のデイストラクション』大阪公立大学共同出版会
『防衛機制を解除して解離を語れ』大阪公立大学共同出版会
『速い思考／遅い思考―脳・心の二重過程理論―』日本教育研究センター
『反省するな，俯瞰せよ―メタ認知の形而上学―』日本教育研究センター
『脱感作系セラピー』日本教育研究センター
『離人症とファントム空間』日本教育研究センター
『頭足類身体原論』大阪公立大学共同出版会
『ケア論Ⅰ・Ⅱ』日本教育研究センター
『因果律の推察と臨在感の呪縛―"もうひとつの"因果律の正体―』日本教育研究センター
『頭足類身体×新実在論』日本教育研究センター，等
共著：『ぬいぐるみ遊び研究の分水嶺』（堀本真以氏との共著）大阪公立大学共同出版会

頭足類身体の諸相［頭足類身体シリーズ2］
：乳幼児・エレア派・詩人・『猫町』・タコ

2019年 7月24日　初版発行
　　著者　　　中井　孝章
　　発行者　　岩田　弘之
　　発行所　　株式会社　日本教育研究センター
　　〒540-0026　大阪市中央区内本町2-3-8-1010
　　　　　　　TEL.06-6937-8000　FAX.06-6937-8004
　　　　　　　https://www.nikkyoken.com/

★定価はカバーに表示してあります。乱丁・落丁本はお取り替えいたします。
ISBN 978-4-89026-204-5　C3037　　　　　　　Printed in Japan